从萨特出发
Starting with Sartre

［美］盖尔·林森巴德 著
孙礼中 黄璐 译

黑龙江出版集团
黑龙江教育出版社

版权登记号：08-2016-097

图书在版编目（CIP）数据

从萨特出发 /（美）盖尔·林森巴德
（Gail Linsenbard）著；孙礼中，黄璐译. — 哈尔滨：
黑龙江教育出版社，2017.2
ISBN 978-7-5316-9112-9

Ⅰ.①从… Ⅱ.①盖… ②孙… ③黄… Ⅲ.①萨特
（Sartre, Jean Paul 1905-1980）-思想评论 Ⅳ.
① B565.53

中国版本图书馆 CIP 数据核字（2017）第 032699 号

Starting with Sartre © Gail Linsenbard, 2010
This translation is published by arrangement with Bloomsbury Publishing Plc
Simplified Chinese edition copyright © 2017 by Heilongjiang Education Publishing House
Simplified Chinese rights arranged through CA-LINK International LLC
ALL RIGHTS RESERVED

从萨特出发
CONG SATE CHUFA

作　　者	［美］盖尔·林森巴德　著
译　　者	孙礼中　黄璐　译
选题策划	王毅
责任编辑	宋舒白　张培培
装帧设计	Amber Design 琥珀视觉
责任校对	赵蔚婷

出版发行	黑龙江教育出版社（哈尔滨市南岗区花园街 158 号）
印　　刷	山东临沂新华印刷物流集团有限公司
新浪微博	http://weibo.com/longjiaoshe
公众微信	heilongjiangjiaoyu
天 猫 店	https://hljjycbsts.tmall.com
E－mail	heilongjiangjiaoyu@126.com
电　　话	010－64187564

开　　本	880×1230　1/32
印　　张	6
字　　数	118 千
版　　次	2017 年 4 月第 1 版　2017 年 4 月第 1 次印刷
书　　号	ISBN 978-7-5316-9112-9
定　　价	35.00 元

目录

第一章　走近萨特　001

第二章　苏格拉底的启示　009
 第一节　哲学的任务　010
 第二节　牛虻哲学家　015
 第三节　萨特的苏格拉底式感性：理性与生活体验　018
 第四节　为他们的时代所"仇恨的良心"　021

第三章　笛卡儿的重要性　025
 第一节　笛卡儿的革命精神　026
 第二节　笛卡儿的策略　028
 第三节　萨特对笛卡儿的借鉴　032

第四章　人类的境况　043
 第一节　我们的自由　044

第二节　两个存在领域　　052
　　第三节　否定的过程：揭露、揭示世界和自我　　059
　　第四节　胡塞尔的影响：意向性和自我意识　　065
　　第五节　意识和反思　　071
　　第六节　我们的基本谋划　　074
　　第七节　成为必然的欲求　　080
　　第八节　自欺和"真诚"作为我们面对自由的态度　　082
　　第九节　自欺、真诚和我们的基本谋划　　087

第五章　与他人的关系和本真存在　　091
　　第一节　与他人的关系　　092
　　第二节　接受自由作为价值观的源泉　　097
　　第三节　"非纯粹"反思和"纯粹"反思　　103
　　第四节　作为"伦理学的基础"的纯粹反思　　106

第六章　赞成他人存有和反对他人存有　　115
　　第一节　本真性和道德　　122

第七章　伊曼努尔·康德的重要性　　131
　　第一节　康德与萨特之间的观点对照：初始看法　　134
　　第二节　义务、要求和责任　　138
　　第三节　萨特接受康德的可普遍化原则吗　　141
　　第四节　第一个错误假设　　145
　　第五节　第二个错误假设　　149

第六节　萨特反对康德是什么意思　　152

第八章　萨特的永恒遗产　　159

致谢　　168
参考文献　　169
索引　　177
内容简介　　181
作者简介　　181
译者简介　　181

走近萨特

第一章

从萨特出发

疯狂的一大好处是它从一开始就保护我,让我避免受到"精英"的诱惑:我从不认为自己是天赋异禀的幸运儿;我赤手空拳,身无分文,唯一感兴趣的事是用劳动和信念拯救自己。结果,我纯粹的选择没有让我变得比其他人更优秀。在没有设备和工具的情况下,我全心全意致力于自我拯救的事业。如果我把不现实的救赎观念束之高阁,那我还剩什么呢?一个完整的人,跟其他人一样,具有一般人的价值,不比任何人高明。(萨特,1964:255)①

这是萨特在1964年自传《文字生涯》(*The Words*)中的一段话。这部作品让他获得了诺贝尔文学奖,但他拒绝领奖。对比苏格拉底在柏拉图的《理想国》开篇所说的一句话来思考萨特的这段话,我们可以得到一定的启发:

---

① 此文中注表示所引用文字出自萨特1964年的著作的第255页。具体书名请参见书后的参考文献,下同,不再标注。

第一章 走近萨特

> 昨天,我和亚里士多德的儿子格劳孔(Glaucon)一起去比雷埃夫斯(Piraeus)向女神祭献;同时,我也想看看他们是怎么装扮节日的,因为这是他们头一次庆祝这个节日。(327a)

研究柏拉图的学者和评论家尼古拉斯·帕帕斯(Nickolas Pappas)指出,"我去"(I went down)在希腊文中只用一个单词"kateben"来表示,而且这个词是《理想国》开篇第一个词。他说,这个表达有特别的意义,因为它表示柏拉图打算直面争议问题。这个表达也暗示苏格拉底将走下智慧的神坛,与他人面对面讨论正义问题。苏格拉底在《理想国》中,从头至尾都面临着一个问题:这个不完美的世界如何才能孕育出一个理想完美的城邦?柏拉图不是采用讨论其他问题的方式[在市民辩论会场(Agora)①讨论],而是让苏格拉底"来到"城市的街头巷尾与人们讨论这个问题。值得注意的是,比雷埃夫斯是一个港口城市。城中不仅有渔民、商人,还有很多流动小贩、外国人以及罪犯。"我去"(I went down)为《理想国》第七卷做了伏笔,柏拉图在第七卷中写了一则"洞穴隐寓"的故事,描述一群囚犯每天都生活在一个暗无天日的洞穴中,被无知和恐惧所桎梏。苏格拉底将囚犯与哲学家的生活方式进行对比,指出哲学家有更开阔的视野,可以透过黑暗看到一条长远艰辛的启蒙之路,能发现洞穴之外其实是一个明亮的世界。但是哲学家必须返

---

① 古希腊民众辩论集会的地方。——译注

回洞穴，让洞穴里的人们了解他所看到的世界。

  作为一个哲学家，萨特觉得有必要从智慧神坛上走下来，把他的哲学提供给人类。他们生活在这个世上，感受着生活的艰辛，面对越来越破碎的世界而倍感脆弱。萨特并没有凌驾于世界或者其他任何人之上。他厌恶我们今天所谓的"扶手椅"哲学，这种哲学常常徒有虚名，远离人们的日常生活，只适合那些证明自己特别擅长抽象概念分析、富有逻辑学问，能进行激烈辩论的知识"精英"所探讨。虽然萨特也曾用令人望而生畏的复杂哲学术语来阐释他的哲学观，特别是他的哲学著作《存在与虚无》（*Being and Nothingness*）所阐述的观点让非专业人士完全看不懂，但是他通过他的小说、自传、戏剧、文学评论和新闻让存在主义为公众所了解。他本人也因存在主义哲学运动而名声大噪。

  萨特经常拜读美国实用主义者、哲学家威廉·詹姆斯（William James，1842—1910年）的作品。他跟詹姆斯一样，相信哲学应该致力于善人们的生活，并且坚定地认为不仅是哲学家，而且包括所有人，都应该努力减轻人类的痛苦，减少社会的不公平。跟詹姆斯一样，他希望尽可能多的人能够理解并且可以真正感受哲学。1946年，萨特在巴黎发表存在主义是一种"人道主义"的"演讲"，以此来普及存在主义，他因此一跃成名。来听他演讲的人非常多，甚至有报道称因人数众多而有人晕厥，差点儿发生踩踏事件。在萨特的全部著作中，特别是在他的小说和戏剧中，总有很多充满道德争议的问题暗潮涌动，悬而未决——一方面我们不得不做出选择，另

第一章 走近萨特

一方面,我们"太人性"的努力想要避免做出决定,躲避决定或者为此承担责任。他反复强调,虽然会面临实实在在而且通常很顽固的障碍,特别是某些人可能会阻挡我们,但是从根本上而言,我们可以自由创造人生,重塑人生。他指出,不论我们选择怎样的方式,我们总是在其他人当中"塑造自我",因为我们生活在一个"人满为患的世界"。正如萨特的终身伴侣、也是哲学家的西蒙娜·德·波伏瓦(Simone de Beauvoir)所说"他人[①]是我所担心的"。萨特曾经留心通过我们自由选择的创造性努力,找到提高他人生活的方式。他鄙视自满,正如他憎恶社会不公,憎恶任何想要隐藏、忽视、压制人们生活体验的图谋一样。关于萨特,我们会在下一章里讲到,解决人们真正的需要,是促进而不是"偷走"他们的自由,以此来缓解人们所遭受的苦难,纠正社会不公,是萨特生涯中最重要的事情。

萨特穷其一生,雄辩而又热情地捍卫个人权益,避免它们受到轻视或者忽视人类经验的哲学倾向的影响。我们也许能说,萨特的主要观点在于掌握人们生活体验的真理,这是人们在其他支持和反对他们的人在场的情况下与残忍而又无法阻挡的障碍搏斗所得出的真理,还在于他们可以在这个世界上自由选择,这个世界的经济、

[①] 萨特曾提出:"他人即是地狱。"每个人可以自由选择,但每个人都要承担选择的后果。在选择的过程中,人们面临的最大问题就是他人的选择,因为每个人都有选择的自由,但每个人的自由又可能影响他人的自由,所以称"他人即是地狱"。萨特把"他人"看作是现象,看作是具有过去、现在和未来属性的现象。而"他人"也与"我思"具有同样的属性,更确切地说,是"我思"感知了"他人"的存在,感知了和"我思"有同样属性的"他人"的存在。——译注

社会、政治、文化结构阻碍了繁荣，没有达到促进繁荣的作用，并且已经根深蒂固。我们怎样才能在这个充满真实可能性和真正危险的偶然世界里生存下来，甚至发展和繁荣起来？萨特相信，回答这些问题，并且给这个世界的问题提供可行的解决方案，是我们所有人都可以决定的。正如我们将要看到的，萨特认为，人只要生存在这个世界上，就得做选择；只有死后，我们才能摆脱做选择的负担，到那时，我们做出的所有选择会留给后人——这是我们留存在这个世界上的唯一"标记"，我们死后，人们可能接受也可能遗忘这些"标记"。

有一种与众不同的人道主义推动着萨特的哲学观。这种人道主义激发他的灵感，贯穿他的作品。虽然我们在此仅仅探索萨特的早期哲学，关注深深影响他的那些哲学前辈，我们要在这里提一下，萨特的人道主义缩小了存在于"早期"萨特和"后期"萨特之间所谓的鸿沟。萨特拒绝超越人类的上帝，拒绝支持世界价值观的原始秩序，他在我们身上找到了价值的源泉，创造了一系列的可能。通过我们的选择，这些可能将有望实现。因此，从"道德问题"是我们直面的人类问题这个角度讲，萨特是永恒的。我们能决定把什么样的价值观刻入我们的宇宙，才有可能改变今天世界的格局；才有可能消除不断扩大的贫富差距；才有可能改善其他人麻木、残忍的选择所带来的苦难；才有可能减少气候变化带来的不利影响；才有可能改变人类的行为，保护越来越脆弱的地球；才有可能和平相处；才有可能为真正的爱、关心、同情创造条件；才有可能消除物

第一章 走近萨特

质匮乏、满足基本需求而把欢乐融入我们的日常生活；简而言之，我们才有可能过上真正的生活，每个人都关心他人。

然后，让我们回到对萨特的理解上。我们不仅通过萨特本人来了解他，还通过在他之前更有影响力的前辈（苏格拉底、笛卡儿、康德、胡塞尔和海德格尔）来了解他。我们从最受人尊敬的哲学家，哲学界的牛虻[①]——苏格拉底开始讲，苏格拉底对我们会很有启发，因为我们会看到，苏格拉底也想要让正在经历着、生活着、感受着的人类"了解哲学"。苏格拉底倘或知道，他定会赞扬萨特终身致力于挑战现状、发掘新世界，在这个新世界中，我们"不仅"生存着，而且生活在快乐、富足和爱之中。

---

① 苏格拉底把自己比作一只牛虻。因为雅典好像一匹骏马，但由于肥大懒惰而变得迟钝昏睡，所以很需要有一只牛虻紧紧地叮着它，随时随地责备它、劝说它。苏格拉底把批评雅典看作神给他的神圣使命，他知道自己这样做会使许多人十分恼怒，要踩死这只牛虻，但神给自己的使命不可违，故冒死不辞。在此意义上，他自称是针砭时弊的神圣牛虻。——译注

苏格拉底的启示

第二章

从萨特出发
Starting With Sartre

在现实中，寻找就是寻找，也就是说，寻找永远带有找不到，甚至到死也找不到的风险。说我已经找到了就是把自己变成上帝的玩偶。（萨特，1992：326）

第一节 哲学的任务

在观念史上，哲学家对这个世界的不公平现象表达出同情、人性和愤慨，让-保罗·萨特在这方面是无可匹敌的。因此，《从萨特出发》（*Starting with Sartre*）一书讨论了20世纪最具煽动性、最具争议性、最坚定的一位思想家，跟西方哲学史上最著名的思想家苏格拉底一样，萨特的哲学任务也是接触街道上具体存在的人，直接与他们交谈，唤醒他们，鼓励他们进行更深入的批判性思考。本质上，哲学的任务就是唤醒自鸣得意的公众，让他们如同生命中最后一天般活着。正如詹姆斯所表达的那样，萨特想要让这些时常在危

第二章 苏格拉底的启示

险而又不确定的世界生存、体验着的人们深刻了解哲学。确实，正是这个原因，除了正式哲学著作之外，萨特在各种不同的文学体裁中阐释他的哲学观点，包括小说、戏剧和传记。他受众越广，他的哲学所引起的共鸣也越普遍，对于解决真实世界的问题的应用也越广泛。

终其一生，萨特强烈地捍卫大众的个人权益，反对形式哲学和形式科学中轻视或忽视人类生活体验的倾向。在这方面，萨特的关注让人联想到19世纪丹麦哲学家索伦·克尔恺郭尔（Søren Kierkegaard，1813—1855年）如何强烈维护个人，反对将个人埋进抽象概念或涵盖整个历史的宏大深奥的哲学系统这种更广泛的哲学倾向中，这种倾向在19世纪德国哲学伟人黑格尔的哲学中表达得最为强烈。在我们这个世纪，萨特会发现神经系统科学虽然没有埋葬或者隐藏个人，但还是将人类的体验仅仅视为大脑的生化结构或者生化过程，这个倾向也是错误的。比如，"基因决定我们的一切吗？""信仰上帝是我们的天性吗？"这种在大众杂志上常会出现的问题就强调了这种倾向。这不是说萨特忽视或者缺乏对生物科学的尊重，而是他认为任何一门企图概括或盖棺定论人类终极体验或解释其真正意义的学科都是自命不凡、愚不可及的。科学这门学科有充分的理由博得我们的尊重。自从17世纪科学革命以来，科学一直突飞猛进，现在已经超过其他学科，跻身于学术界最受尊敬的学科。哲学作为一门在历史上曾经涵盖科学的学科，从那之后一直在追赶科学，但是从声望和探究价值角度而言，越发落后于科学。过去以及较近代的哲学研究试图变得更加科学，放弃了一些被认为不相关的、不值得我们关注的路径和方法。

作为现象学家和本体论者，萨特探究哲学的思路和方法是描述我们人类的生活体验以及人存在的意义。通过捷克裔德国哲学家埃德蒙德·胡塞尔（Edmund Husserl，1859—1938年）的作品，萨特第一次接触到现象学。这位现象学运动奠基人的作品对他产生了深远的影响。萨特的终身伴侣、法国哲学家德·波伏瓦（De Beauvoir，1908—1985年）讲述了萨特是如何得知现象学的。那时他们与他们的朋友雷蒙·阿隆（Raymond Aron）在巴黎一家咖啡馆喝鸡尾酒。波伏瓦讲述了阿隆是怎么说的。他指着玻璃杯说："亲爱的伙伴，你看，如果你是现象学家，你就可以谈论这鸡尾酒，从中发掘出哲学来。"波伏瓦说："萨特听了之后情绪激动，脸色苍白。这恰恰是他寻觅数年，一直渴求的东西——描述一个对象，正如他所碰见、所触摸到的那样去描述，并从这个过程中提炼出哲学来。"（波伏瓦，1966：162）。然后萨特就冲进一家书店去找胡塞尔的著作，立刻如饥似渴地阅读起来，并安排去德国——那个激情澎湃的地方——游学一年学习现象学。我们会在第四章详细讨论现象学，但在这里简要提一下，现象学的目的是描述我们体验的对象或者意识到的现象，还有描述意识活动本身的重要结构。现象学研究深深吸引萨特的地方在于它似乎暗示我们能直接理解我们体验的对象，我们的意识和我们的意识对象之间有绝对的关联。现象学也承载了萨特全身心支持的实在论的希望，因为它意味着我们意识到的世界

第二章 苏格拉底的启示

就是世界本身，没有表象的面纱遮盖我们的体验。胡塞尔的口号"面向事物本身"在这就很容易理解了。我们不需要担心我们所体验的现实之中还有一个更深层次的现实，因为胡塞尔指出现象学方法会暂停或者"排除"有关实体或者对象真实存在问题，而只关注他们在意识层面的表现。

极为重要的是，在胡塞尔的学生、德国哲学家马丁·海德格尔（Martin Heidegger，1889—1976年）的影响下，萨特不赞同胡塞尔并坚持认为现象学研究要与本体论研究联系在一起，本体论研究是研究世界上最根本的存在：存在于世界上并且构成"现实"的最基本的东西是什么？对萨特而言，现象学和本体论履行着一种"婚姻功能"，因为对于意识的重要结构的描述性研究总是在客体和意识主体的世界中进行：完全根据我们所体验到的世界来描述我们的经验世界。那么，舍弃意识而只取事物，这不符合现象学步骤；正如拒绝或者仅把事物看作是我们意识中的想法也不符合现象学步骤。萨特对哲学的独特的贡献之一就是他拒绝接受这两种简化倾向。

那么，作为现象学家和本体论者，萨特最紧迫的问题之一涉及对我们人类独特存在方式的正确描述。他相信，首要的任务就是描述人类存在的意义。萨特认为，其他研究，包括科学研究，都必须考虑到现象学研究的基本发现——除非它们与人类事务无关。萨特的一个发现就是人类在这个阻力重重的世界中可以自由地塑造、改造他们自己。因此，萨特发现神经科学对人类行为采取严格简化的解释，让人很不满意。因为除了其他原因以外，他们尤其否认了人类对自由的体验。英美分析哲学家习惯用决定论来解释人类行为，这种解释否定人类的自由体验，因此萨特也会觉得这种趋势是站不住脚的。作为人类自由坚定的捍卫者，萨特认为自由是可以直接被体验到的，他的论证令人信服。他的主要哲学兴趣在于维护人类自由的现实，防御诋毁它的人，理解、支持人们的生活体验。正如我们能看到的，这种兴趣的一个关键组成部分是鼓舞人们用自己的生活方式将我们的价值观自由而又创造性地刻入这个世界。萨特认为在最值得我们关注的价值中，慷慨是最重要的。因为通过慷慨，我们能最有效地促进人类繁荣、减少压迫带来的苦难。虽然苏格拉底和萨特运用不同的哲学方法，他们之间也有分歧，但是令人惊异的是，两位哲学家在哲学任务上有共同的看法。同苏格拉底（还有詹姆斯）一样，萨特强调把哲学当作做事和实践——甚至生存的一种方式；他坚信哲学的价值在于它能给人们的实际生活带来真实的、可感受的、实际的变化。比如，萨特在《人道主义》（*Humanism*）演讲中大肆宣称："人确实是一个拥有主观生命的谋划，而不是青苔、真菌或是花椰菜"。在这个演讲中他也明确提出："我们的出发点是个人的主观性。"苏格拉底和萨特都理解并捍卫哲学是一种与众不同的人道主义，因为哲学提出了人类最紧迫的问题，解决了人类最基本的问题，即生命的意义、人类自由和道德责任的问题以及每个人必然死亡的这一问题。对两位哲学家而言，哲学任务简朴而又令人愉悦，它向我们揭示了我们最人性的可能性以及我们最大的恐惧，一直让我们以勇气和信念直面最严峻的挑战。

第二章　苏格拉底的启示

第二节　牛虻哲学家

的确，如果哲学的目标，诚如苏格拉底所言，是"认识你自己"并在整个生命中提醒我们"未经反思自省的人生不值得活"，那么萨特是与苏格拉底并肩的哲学家，他坚持认为我们不能止步于抽象的思考而应该积极主动地实现理想。与苏格拉底的格言"认识你自己"类似，萨特的宣言——"命定是自由的"和"我们理应过这样的生活"强调一种以他终身坚持的自由为先决条件的深重责任感。这些宣言显示萨特强调我们的生命是我们自由选择的总和，只要我们躲避创造使人类真正繁荣的价值观念，我们就理应过现在的生活，因为我们本来可以选择过别样的生活，但是我们没有这么做。因此，萨特坚持认为，我们对现有生活的责任比我们想象的更重大。

虽然苏格拉底根本没有谈及自由，更不用说将自由比作萨特所说的"完全""完整""绝对"，但是他确实论及对自己的作为和不作为可能对他人的生活和所处的世界的影响表现出任性的无知和有罪的冷漠。正是在这个意义上，苏格拉底被视为最早的存在主义者：他固执地追问自己和他人（比如，什么是正义？什么是勇气？什么是虔诚？什么是爱？什么是智慧？），他不停地寻找真理的行动证明，他信奉哲学的任务是探寻我们存在的意义以及我们为什么以这样的而不是另外的方式生活。当然，这些都是深刻的存在问题，因为这些问题触及我们人类的实质：让我们去反思我们人类独特的存在方式。这些问题也是我们会问的关于我们自己、我们与他人和世界的关系的最重要问题之一。因此，在萨特看来，苏格拉底的格言"认识你自己"和"未经反思自省的人生不值得活"是关于存在主义的，因为这些格言鞭策我们拒绝无知、无情和冷漠，让我们关注自己的作为和不作为对他人和世界产生的影响。对于萨特和苏格拉底而言，我们的哲学任务是接受挑战，去发现（对苏格拉底而言）或者大胆面对（对于萨特而言）关于我们自己和我们与他人关系的真理；对这两个哲学家而言，想要发现这种"真理"就要用批判性的自我意识和对我们已在这个世界上找到的意义进行质疑的方式来过我们的生活，要承担锻造价值观的责任，让这些价值观更进一步反映我们内心最深处的理想。对于苏格拉底而言，这样的理想自然就包括我们致力于真理本身——那就是，致力于通过对语言的细致分析和我们表达正义、勇气、智慧这些美德所使用的概念和术语的意义来发现真理。诚然，苏格拉底坚定地相信真理是存在的，值得追寻，"美好的生活"需要我们不断地积极追求才能得到。萨特也关心发现真理的问题，但是与苏格拉底不同的是，在萨特看来，这样的发现不是严格的理性追寻。作为一个现象学家，萨特没有像苏格拉底那样把思考或者理性放在首位；我们可以看到，萨特对真理的现象学追求，认为人类能够描述有意识的体验活动，也能够描

第二章 苏格拉底的启示

述这种体验对象。正如我们所注意到的,萨特指出在我们众多的体验中,我们感受到自己是自由的。他评论道:"似乎我们多半不想接受自由这一现实,因为这太能引发我们的焦虑,所以我们倾向于找借口或者解释我们为什么相信自己是不自由的。"确实,这就是为什么萨特坚持认为我们体验到自己是自由的是一件极度痛苦的事。因此,对萨特而言,大胆面对我们自由的事实成了他首要关心的问题,这个问题让他思考了一生,在他的许多哲学、文学、传记和政治著作中都有所体现。

在自由问题上始终存在着自我欺骗的倾向,而且在人类的境况以及萨特所谓的"自欺"现象中,这种倾向也是普遍存在的,我们会在后面谈论到这种"自欺"现象。这里必须指出,在萨特的理论中,这种倾向很难克服,因为我们总是利用知道与不知道之间的差别,或者说知识(也许难以绝对)与无知之间的鸿沟。当然,苏格拉底太了解人类了,"他们在面对让他们不舒服的真理时倾向于避而不见"。苏格拉底跟萨特一样,把这种倾向归因于没有正视自己生存紧迫情形的"人性,太人性的"失败。的确,苏格拉底在雅典街头之所以不受欢迎,部分原因是他习惯于不断地追问他的雅典同胞关于他们自称擅长但事实上知之甚少或者完全不知道的事情。一旦苏格拉底揭露了他们的漠然无知,也就是萨特所说的"自欺",他们就会懊丧又窘迫地逃离苏格拉底的盘问。苏格拉底拼命想要通过被称作辩证法的批判性调查得出评估术语的合适定义(什么是正义?什么是爱?什么是虔诚?)以此来触及真理;他的谈话者声称这些术语名声不错，但是事实上，当问及这些术语的定义时，它们在苏格拉底的定义下难免显得极不充分，这些名声听上去也就非常空泛。苏格拉底很快就采用了"牛虻"的标签，因为他的嗜好是把自己当作会叮咬马匹的虫子，附在他的谈话者身上，结果惹怒了他们。因此，在对话录《游叙弗伦》（*Euthyphro*）中，苏格拉底强迫可怜的游叙弗伦进行谈话，询问他虔诚的意义是什么，直到他才尽词穷，因为游叙弗伦声称自己了解虔诚；游叙弗伦感到既沮丧又恼怒，转身就逃离了苏格拉底的盘问，最终也没弄明白虔诚是什么，但是另一方面也知道了他原来对虔诚的理解事实上是错误的。苏格拉底有力地证明了他的大部分雅典同胞都不怎么在乎或者完全不在乎真理，甚至也不在乎接近真理；他发现，人类的倾向不仅是欺人，还有自欺，我们很愿意相信自己告诉自己的谎言，也信誓旦旦地把这些谎言告诉别人，反过来欺骗他们。我们会看到，萨特同样警惕我们自欺欺人的一面，他对人类境况的诊断也是同样不留情面。

第三节　萨特的苏格拉底式感性：理性与生活体验

在《从萨特出发》这本书中，我们可以领会到萨特浓厚的苏格拉底式性情和哲学感性。我们已经提到过，虽然萨特和苏格拉底不一样，他并不支持理性作为启蒙的最佳方式，但他确实是典型的苏

第二章　苏格拉底的启示

格拉底式的，因为他坚信最重要的哲学问题是关于我们如何在这个充满不确定的世界中生活。跟苏格拉底一样，萨特深信哲学能改善我们的生活，只要我们批判性地调整我们的生活，那么我们就能创造让我们改善生活的最有效的价值观；对于萨特而言，这等于在世界上刻入这些能够减少不公和压迫的价值观，而不公和压迫是引起人类苦难的主要原因。两位哲学家都非常热衷于把哲学思想传播到街头巷尾，因为他们都相信批判性意识和理解可以深远地影响我们的行动和生活，让我们的世界更加人道、更加公正。确实，柏拉图在《裴多》(*Phaedo*)里记录了苏格拉底之死，这不仅仅是苏格拉底对生存变得厌倦、机械地遵从雅典人民意愿的象征性举动。正如萨特在他的《伦理学笔记》(*Notebooks for an Ethics*)所表达的，这是一个"有自我塑造意识"（萨特，1992：91）的人所达到的顶峰。苏格拉底代表了永恒的萨特式主题：一个人愿意在巨大的阻力和困难面前，以重要的批评意识去影响这个世界和它的种种不公，在此过程中塑造和改造自己。

诚然，苏格拉底与他的雅典同胞在集市进行哲学讨论的过程中，总是坚持要表达清楚、用词准确。如前所述，他特别喜欢给像正义、勇气、善良这样的道德类或者评价类术语推敲出合适的定义。通过柏拉图的视角，我们可以看到，苏格拉底认为对真理的寻找势必涉及知识分子使用理性来对抗感官体验；由于我们的体验不断变化，他认为体验并不能可靠地引导我们得到真理，最多能让我们产生想法，但是绝不能产生确定性或者称得上是知识的东西。作为一个现象学家,我们已经知道萨特更重视意识和生活体验而不是理性洞见。他认为理性洞见太过抽象,脱离了我们真实的生活。然而,这不是说,萨特完全不关心理性在我们生活中所起的作用,只是说,对萨特而言,行动是首要可以理解的东西。作为现象学家和存在主义者,萨特最重要的哲学问题是与我们的存在有关,而不是与知道或者推理有关。但这显然并不意味着萨特不关心理性或者知识,也不意味着苏格拉底不关心有关人类存在的意义问题。在两位哲学家看来,我们声称自己知道的东西以及我们知道的方式极大地影响我们行为的方式。"未经反思自省的人生不值得活"这个说法不仅是苏格拉底式的也是萨特式的,因为我们思考的内容和方式(还有我们声称自己知道的东西)极大地影响我们生存和生活的方式,如同我们生存和生活的方式同样地塑造和加强我们自认为、并信以为真的内容和方式。思考,特别是批判性意识,与行动之间彼此影响并且共同影响我们以及我们身边人的生活质量。

我们已经看到虽然苏格拉底把"知道"放在首位,萨特把"寻找一个有意义的生命"放在首位,但是两位哲学家都没有严格划分知道和行动,以至于两者之间没有大的重合和互相促进的地方。因此,在《游叙弗伦》中,当苏格拉底发现游叙弗伦出现在法庭上准备告发他父亲不虔诚的行为时,我们知道苏格拉底想理解虔诚的真正定义,也对游叙弗伦告发自己父亲不虔诚的行为背后深层次道德问题产生疑问。在不停地追问之下,苏格拉底发现牧师游叙弗伦所谓的了解一切关于虔诚的知识只是一种自命不凡,他把虔诚简化为

第二章 苏格拉底的启示

"此时此刻"在做的事情——告发他父亲。我们发现苏格拉底不满足于这个定义，因为他在找一个更加宽泛、更加普遍通用的定义，可以涵盖虔诚的所有情形而不只是一个特殊行为的定义。因此，《游叙弗伦》里传达的一个教训就是我们对于道德术语定义的假设影响了我们的行为，反过来也不可避免地影响了他人的生活；同样地，我们的行为不仅反映而且强化我们潜在的假设、信仰和理性。理论和实践，更甚者还有知识和行动事实上都是互相交错的，永远不会大相径庭。萨特本会赞同苏格拉底对游叙弗伦的考察，特别是考虑到游叙弗伦不加批判地、随意而又肤浅地把虔诚解释为仅仅是"告发作恶者"，因为这样的解释本该来自一个有特定头衔的专家，而游叙弗伦不是。萨特断言，人类的很多不幸都是因为我们疏忽了生活中最令人讨厌的细节，不加批判地接受了半真半假甚至谎言的便捷真相。这让我们想起阿尔·戈尔（Al Gore）的电影《难以忽视的真相》（*An Inconvenient Truth*），这部电影向我们展示由科学证据支撑的全球变暖"真正的真相"是如何被既得利益者刻画成神话或者小说，用以维护他们的财富和权力。

第四节 为他们的时代所"仇恨的良心"

我们已经看到萨特处理哲学问题的一些方法看起来是苏格拉

底式的，与这相关的是他的一个观点：哲学是一种特别的实践，这种实践鼓励我们培养一种将自己视为行动者的重要意识，给这个世界刻上价值，让我们过上更好、更加自省的生活。如果从萨特开始唤起苏格拉底——这个可以说是最受世界爱戴的哲学家之一——的精神（虽然他被同时代的雅典人嘲笑、指责、审判甚至处死），那么值得注意的是萨特的遗产显然一直没有那么多人拥护，在他1980年死后，诟病他的人（有很多）仍然言辞激烈地指责他。确实，在观念史上，也许没有哪一位哲学家（除了萨特之外）被如此严重地误解、诽谤和中伤。尤其是，萨特的一位好友约翰·热拉西（John Gerassi）把萨特的传记命名为《为他的世纪所仇恨的良心》（*Hated Conscience of His Century*），来强调人们对萨特的误解。我们知道，苏格拉底一直被同时代的雅典人所憎恨，柏拉图对苏格拉底的审判、辩护、从容赴死的真诚描述证明了这点。只是在死后，通过柏拉图的著作，苏格拉底才变得如此为人们所喜爱；确实，直到后世感谢苏格拉底成为他们前所未有的精神模范，他的遗产才得到明确。

苏格拉底和萨特生前都被人们误解和憎恨，因为别人发现这两个人的观点非常危险，特别是萨特的观点，让人十分厌恶。没有什么比揭开任性的无知和自我欺骗的面纱来得更加困难或者更具威胁，特别是揭露真相会威胁损害强大的既得利益者的时候；苏格拉底和萨特都是"牛虻"哲学家，一直不知疲倦地唤醒沉睡的公众。正视关于我们自身和人类的令人不安的真相，是一项繁重的任务，

第二章 苏格拉底的启示

诚然,有时候甚至很压抑。逃避事实的同时却告诉自己我们仍然保持着警惕,这样的做法也许更简单。对苏格拉底和萨特而言,保持我们的清醒是他们终身的哲学挑战——萨特为此奉献了自己的一生,苏格拉底为此从容就义。从这个意义上说,存在主义者在哲学上的反抗就是拒绝传统的哲学。事实上,苏格拉底是一位永恒的存在主义英雄,在很大程度上,存在主义是将哲学重归历史基础的一种尝试[所罗门(Solomon),1981]。存在主义者的哲学反抗在传统道德哲学看来,也许最显著的是反抗哲学巨人伊曼努尔·康德的道德观点。我们会在第七章了解到萨特对康德的道德观点非常感兴趣,特别是因为他把自己哲学的道德意义看作是对康德观点的彻底反驳。

在我们准备赏析萨特对传统上最具影响力的哲学家康德的批判之前,我们首先要向对萨特的哲学发展产生深远影响的这些哲学家们致敬。我们首先要从法国哲学家"现代哲学之父"勒内·笛卡儿开始介绍。

笛卡儿的重要性

第三章

因此，存在只有通过虚无才能抵抗上帝，这是笛卡儿理解世界万物的方式。存在需要不断地创造，否则世界的存在就会瓦解为虚无。因此，虚无是超越的保证。（萨特，1992：526）

第一节 笛卡儿的革命精神

同样作为法国人，从萨特开始也是从"现代哲学之父"勒内·笛卡儿开始。确实，可以说萨特的主要哲学巨著《存在与虚无》意在解决笛卡儿在《第一哲学沉思集》（*Meditations on First Philosophy*）中率先提出的一些最深奥的哲学问题。这些问题包括知觉、自我本质（自我意识是什么意思）或者"我思"（我思故我在）以及人类自由的观念。

笛卡儿在观念史上占有极其重要的位置，因为他有力地破除了天主教的影响，他声称自己作为"会思考的东西"而存在，独立于

第三章 笛卡儿的重要性

上帝。他让哲学挣脱神学的枷锁，向我们展示哲学思考可以，也必须独立于宗教的束缚而进行，因此，他从根本上开辟了一条新的哲学道路。笛卡儿认可启蒙主义格言"为自己思考"，他为哲学另辟蹊径，展示自己能完全不受天主教规章制度的影响，进行独立的思考。

笛卡儿的著名方法——系统怀疑的方法——让他彻底突破了他之前的中世纪传统，因为一方面笛卡儿认为自己是有意识的实体（笛卡儿在此援引了一个中世纪常用的术语"实体"来指非物质的在思维的东西）；另一方面他对上帝和外在世界有一定的认识，而系统怀疑的方法让这两方面的认识之间产生了分裂。中世纪哲学家求助于上帝来确认他们可以了解的一切关于自我和外在世界的东西；一个人的存在以及其他东西，包括他对上帝的认识，也许是直接通过上帝给我们的自然理性而被我们知晓的。重要的是，笛卡儿没有完全摆脱这个传统，因为他是一个信仰坚定的人，更紧迫的是，他发现他需要在分析过程中证明上帝的存在和他的仁慈，才能继续证明外在世界的存在。因此，在《沉思集》（*Meditations*）中，笛卡儿提供了三个证明来表明上帝的存在，以防有人怀疑或者不满意他提供的前两个证明。但是，无论如何，笛卡儿是具有创新思想的，他首先证明他自己作为一个在思维的东西独立于上帝而存在，从这一步中，我们可以真正欣赏到他的革命精神。确实，正如伽利略支持哥白尼的观点——认为地球围绕太阳转，因此它不是宇宙的中心——震惊了天主教，笛卡儿以更加谨慎的方式颠覆了天主教规章制度，声称可以证明自我意识，证明他作为一个独立于上帝的思维的东西而存在。

第二节　笛卡儿的策略

如果我们简要回顾一下笛卡儿的策略、他在第一个沉思中的方法论的怀疑阶段，还有怀疑阶段之后第二个沉思中得出的唯一真理，就可以最大程度地领会他的革命态度以及他对萨特的影响。

笛卡儿坚持通过某一个步骤，以求得他所需要的标准，使我们的思想更确定、更清晰。他让我们一起与他进行一个思想实验。他很想知道，我们是否可能怀疑我们脑海中一切感知到的物体？也就是说，为了让我们得到清晰、独特且无法让人怀疑的知识，难道我们不应该怀疑所有缺乏绝对确定的事物只因为它可能被怀疑吗？因此，笛卡儿的策略是，如果他之前持有的所有观念让人产生哪怕一丁点的怀疑，他就会系统性地质疑其真实性。换言之，他想要彻底扫除他之前相信的所有东西，希望能找到一个不容置疑的、明白确定的命题或者信仰。他希望能够在这个基础上建立或者重建所有名副其实的知识，这就是著名的"笛卡儿式怀疑法"。

笛卡儿的首要任务就是怀疑外在世界的存在，也就是怀疑我们感知到的远处的物体。他问道："我们的感官欺骗我们，致使我们感受到远处的物体不同于他们真实的样子，这不是常有的情形吗？

第三章 笛卡儿的重要性

比如，我们的直观感受就是我看到离我几英里之外的高大建筑比我直接站在它面前或者站在它下面看起来更小，这不是很典型吗？因此，第一次看到远处的建筑物，我判断这个建筑物没有那么高大，但是我发现我走得越近，这个判断就越可疑；到达建筑物前几尺的地方后，我判断它的真实高度比我刚开始想的高很多。再举一个例子，因为水的波动影响，我们观察到浮在水面的直棒是弯的，这难道不是真的吗？我把棒从水里拿出来，我看到它不是弯的，是直的。我的感官又一次欺骗了我。"因此，笛卡儿总结：怀疑的第一阶段必须是怀疑远处的物体，因为感官不是达到真理的可靠途径。他评论道："我们永远不能相信感官，因为我们永远不能确定它们什么时候欺骗我们、什么时候没有欺骗我们。"正是在这个意义上，笛卡儿跟苏格拉底和柏拉图一样，是一个将理性置于我们的体验之上的理性主义者。同样地，相信一个曾经欺骗过我们的朋友是不明智的行为，因为他很可能再一次欺骗我们，所以笛卡儿总结"我们不应该相信感官不会屡次欺骗我们。在这个怀疑阶段，对于远处的物体，我们的感官不是可靠的真理来源"。

那么近处的物体呢？当然，我们对我们面前直接感知到的物体更加确定。比如，笛卡儿记录，他几乎无法怀疑自己穿着睡袍坐在书桌前，手里握着笔在一张纸上写字。他说，他感受到火炉的温暖，他感受到自己的手拿着纸，他感受到自己衣冠整齐地端坐在椅子上，而不是裸身躺在床上。但是，他还是坚持认为有可能怀疑近处感知到的物体。为什么？因为他说，也许他正在做梦，梦到自己坐在椅子上，而事实上他躺在床上。"我们也许正在做梦，梦到我们正在做的事情，这在逻辑上难道不可能吗？我们也许梦到我们有一个身体，而事实上我们没有，这难道不可能吗？"笛卡儿声称，仅仅是怀疑的可能就足够让我们质疑我们感知到自己有一个身体并且在做着某件事情的真实性。这是笛卡儿让我们考虑的怀疑的第二阶段，虽然我们很容易就能发现很多人质疑这个阶段，但是我们目前的任务是把它呈现出来，而不是批评这个哲学学说本身，这样我们能更好地理解萨特对于笛卡儿的继承。那么，到现在为止我们已经回顾了笛卡儿方法上的怀疑的两个阶段：我们可能怀疑远处感知到的物体，因为我们的感官可能欺骗我们；我们可能怀疑近处感知到的物体，比如我们有一个身体这样的体验，因为我们可能是做梦梦到我们有一个身体，而事实上我们没有。

笛卡儿带领我们最后一次探索有无可能怀疑感知到的物体。作为一个数学家，他非常崇敬几何和算数的精确性和确定性。所以，他怀疑，数学命题的真实性又怎么样呢？当然，它们一定是不容置疑的，因为每次进行加法运算，$2+4$都确凿无疑等于6。但是即使是数学这个笛卡儿认为如此有趣、如此确定的知识分支也能被怀疑，因为，笛卡儿写道："这在逻辑上至少是可能的（任何逻辑上可能的事情事实上也是可能的）：每次我做$2+6$的时候，都有一个邪恶的天才冥冥之中在欺骗我，但是他每次以欺骗我为乐，特别是当我试图把两个数字相加的时候。所以即使是迄今为止受人尊敬又高尚的数学命题也会受到怀疑。"

第三章 笛卡儿的重要性

最终,笛卡儿把我们带到了这段旅程的最后。他一直认为,他所称的"他的世界"是他所了解的样子,但是在最后,他推翻了这个世界的基础。他不能确信外在世界的存在,他存在的命题受到了怀疑,因为他是通过感官来了解世界的,但是感官被证明会欺骗他。他不能确信自己身体的存在,因为他不能区分什么是梦境、什么是清醒的状态。最后,他不能确信他曾经最确信的数学命题的真实性,因为他觉得有可能他每次做2+2或者做其他数学运算的时候,都有一个邪恶的天才在一次又一次地欺骗他。笛卡儿把自己推到了一个怀疑的角落,而且我们很难看出他应该如何走出来。

在这个节骨眼上,是否有东西逃脱了笛卡儿的方法上的怀疑?笛卡儿说有一个东西逃脱了,那就是他自己作为在思维着的东西的存在逃脱了怀疑,他把这个称作"我想"或者"我思"。当然,笛卡儿认为,不可能怀疑自己作为在思维着的东西而存在着。那就是说,即使我被远处感知到的物体欺骗,被欺骗也是在思考。即使我做梦,做梦也是在思考。最后,笛卡儿说:"至于那个邪恶的天才假说,邪恶的天才也许很开心在数学命题等类似的方面如其所愿欺骗了我,但是只要我认为自己是存在的,他永远无法欺骗我让我认为自己不存在。因为,被欺骗仍然是在思考。所以尽管每次我被欺骗,我还是在思考。"此时此刻,笛卡儿得出了他的伟大支柱的基础,在这个基础上他开始重建他的知识,找回他目前为止怀疑的所有东西。"我思故我在"成了他的根本出发点和原则,在此之上他会首先证明上帝的存在以及上帝的仁慈,然后证明世界的存在(证明上帝存在而且是仁慈的，所以他不会欺骗我们，因此我们所看到的就是世界的本原）。他论证，"我思"只不过是"一个在思维着的东西"或者"思考的东西"，涵盖决心、想象、理解和感受等行为。重要的是，笛卡儿重建我们的知识的计划还有他的系统怀疑策略要求他将我思的行为作为主要的思考行为来研究，这种思考行为可以为他提供必要的工具去证明上帝的存在和仁慈，最终证明世界本身的存在。

第三节　萨特对笛卡儿的借鉴

简要叙述了笛卡儿系统性怀疑的各个阶段和他随后的断言——他作为在思维着的东西存在，那么我们就可以理解笛卡儿的方法和策略对萨特的独特影响，包括直接的和间接的影响。我们很容易就能找到萨特在一篇名为《笛卡儿式的自由》的短文中承认自己对笛卡儿的借鉴，我们主要依据这篇文章来说明萨特对笛卡儿的赞扬与批评。

在这篇短小精悍却很有启发性的随笔中，萨特开头就写道：

　　自由是统一不可分割的，但是它会根据不同的情况显露。人们可能会问所有维护自由的哲学家下面这个问题：在什么样

第三章 笛卡儿的重要性

的特殊情况下,你体验了自由?在行动、社会或者政治活动等领域或者在艺术创造领域测试你的自由是一回事,而用理解和发现的行为去测试你的自由又是另外一回事。(萨特,1962:180)

当然,笛卡儿是用理解的行为去测试自由的,并且发现了精神的自我领悟力量。这就是为什么萨特说"我们法国人一直按照笛卡儿式的自由生活了3个世纪,我们将'自由意志'完全理解为独立思考的实践而不是创造行为的产物……"(萨特,1962:180)。自由意志不可能是创造行为的产物,他强调,因为思考本身不得不有"某些东西要理解,无论是本质之间的客观关系、结构之间的客观关系,还是想法的顺序,简言之,就是预设的关系顺序。"(萨特,1962:181)。萨特写道,笛卡儿的伟大直觉是他"比其他人更加充分地意识到就算是最微不足道的思考行为也涉及所有的思考,这是自主的思考,它假定自身——在每次思考的时候——完全又绝对独立进行"(萨特,1962:181)。作为17世纪的数学家,笛卡儿面对的观点是"数学真理的秩序对所有思维正常的人而言是神意的产物",他觉得必须从时代的客观秩序中拯救主观性,而上帝在顶端把所有次级真理归入到他们应有的位置。这种主观性软弱无力,唯一的力量是"坚持真实",遵守本质的严格秩序。面对这种主观性,笛卡儿比其他人更加意识到"思想和真理可以没有区别","思想体系的终极性就是真实"(萨特,1962:182)。恰恰是因为笛卡儿认识到他所处时代的主观性是无力的,所以萨特如此崇拜他,崇拜他如此有独创性地解决在天主教规章制度控制下迷失的主观性:"如果有人想要拯救人类,鉴于他不能产生任何想法只能思考,那么唯一要做的事情就是给他提供简单的否定力量,可以拒绝任何不真实事情的否定力量"(萨特,1962:182)。在此,萨特暗指笛卡儿在方法上的怀疑。如前所述,这种方法上的怀疑就是通过系统性地怀疑所有真理,努力建立一个新的基础,在这个基础上笛卡儿可以恢复他怀疑的所有东西。

需要注意的是,萨特不仅把人类的主观性恢复到其应有位置的功劳归于笛卡儿,还把肯定人类的责任归功于他:

> 他的自然反应就是在真理面前肯定人类的责任。真理是人类的事情,为了它的存在,我必须肯定它。我的判断是坚持我的意志、自由承诺我的存在,在下这样的判断之前,只存在非真非假的中立又不固定的想法。真理因此是通过人类而出现在这个世界上的……所以说,笛卡儿率先赋予了我们整个知识界的责任。(萨特,1962:182—183)

在这里,我们不应该低估萨特对笛卡儿的赞扬,他将笛卡儿的创新与另外一个重要的哲学影响力联系了起来,这个影响力是德国哲学家马丁·海德格尔关于死亡的断言:"正如海德格尔所说,没人可以代替我死。但是笛卡儿早前也说过没人可以代替我理解。最后,

第三章　笛卡儿的重要性

我们必须说同意或者不同意，独自决定整个宇宙中什么才是真实的。"（萨特，1962：183）。萨特这样写道："17世纪的世界充满了上帝提前规定的确立本质和结构，即使在这样的世界中，笛卡儿认识到，人类的肯定和否定至关重要，足以确保我们将自由作为一种绝对的行为和承诺。而且，笛卡儿认识到思考是自主性的，这样的认识确立了人类的自由是绝对的，而不仅仅是程度问题"：

> ……它平等地属于每个人。更确切地说——因为自由不能与其他品质混为一谈——很明显每个人都是自由的……一个人不能比其他人更像是人，因为自由在每个个体中都是同样无限的。从这个意义上说，笛卡儿最好地揭示了科学精神和民主精神之间的联系，无人能及，因为公民普选权只能建立在所有人同意或者不同意上的基础上。（萨特，1962：184—185）

人与人之间在精神和肉体上存在强弱优劣，这些其实都是肉体的偶然性，萨特写道："我们人类的唯一特性就是能够自由使用这些天赋……人类的这种情形和他的权力不能增加或者限制他的自由。"（萨特，1962：184）。在此，萨特与斯多噶派学者一样把区别自由和权力的功劳归于笛卡儿："自由不是做想做的事情，而是想要做能做的事情"（萨特，1962：184）。萨特全身心认可这种区别，他强烈表明，与反对他的最固执的批评家相反，他从来没有把自由荒唐地定义为"绝对"想干什么就干什么。他说，相反，"在一个可变的权力限制下，人有完全的自由。"（萨特，1962: 184）。萨特意识到虽然自由有积极的、建设性的"效力"，但它也有消极的一面，因为"也许它不能改变世界上运动的质量，但是它能修改运动的方向。"（萨特，1962: 185）。他在笛卡儿的另外一部著作《方法论》（*Discourse on Method*）中找到了这个"效力"和建设性的自由的源头，因为笛卡儿发明了这个方法："我摸索到几条门路"，笛卡儿说，"从而做出一些考察，得到一些准则，由此形成了一种方法。"（萨特，1962: 185）。然后萨特继续展示笛卡儿的法则是如何成为具有创造性和创新性的判断行为：

> 总而言之，他们代表了对自由和创造性判断的总方向……我们因此在他的作品中发现他对创造性自由的极好的人文主义肯定，这种肯定一点点地构建了真理，而通过产生假说和纲要，真理在每时每刻都预示本质之间的真正关系。它产生的假说和纲要对于上帝，对于人，对于所有人而言就都是平等的、绝对的、无限的，自由促使我们去承担一个异常艰巨的任务——我们的典型任务，也就是让真理存在于世，让世界变得真实可靠——这让我们慷慨地生活着，"每个人都对自身的自由意志有某种情感，并在这个情感中加入了不想失去自由的决心"。（萨特，1962: 185—186）

虽然笛卡儿的意志是被迫肯定或者坚持在他脑中清晰明确出

第三章 笛卡儿的重要性

现的关于严谨结构不可抵抗的证据,虽然笛卡儿信仰上帝以至于他的"整个意志是被内心超自然的慈悲光芒照亮"(萨特,1962:188),但是萨特坚持,对于笛卡儿来说,"自然光和这种超自然的慈悲之光之间不存在重大区别"(萨特,1962:188)。正是在这个节点上,萨特在笛卡儿的身上发现了虚无这个重要想法的种子,随后,他在自己的哲学中发展了这个想法:

> 如果我不可避免地倾向于肯定这个想法,那么它真的是非常重要,我对它绝对肯定。它是纯粹、浓烈、完美无瑕而又完整的存在,它以其自身的重要性得到了我的肯定。由于上帝是所有存在和所有肯定的来源,故而这种肯定——这种存在的丰满本身就是一个真正的判断——不能在我这个虚无中产生根源,但能在上帝那里产生根源……用当代的词汇来说,它所表达的意识是科学家一直以来对纯粹虚无的意识,是一个面对顽固与永恒的连贯性的旁观者的意识,是对他所思考的真理的无限重要性的意识。(萨特,1962:188)

萨特肯定了笛卡儿这种思想,并在《存在与虚无》中用了一整章的篇幅来讨论,他将这一章题名为"否定的理论",而我们也会在第四章中讨论这一思想。在《笛卡儿自由》中,萨特指出,笛卡儿(通过运用方法的怀疑)赋予意志以否定力量,他还认为上帝把所有积极的东西放到我的内心,创造了我,这种否定的力量建立了

拒绝的意志自由而不是创造发明的意志自由:

> ……我作为一个虚无,可以拒绝所有这些虚无(比如说,不完整的、晦涩的、不确定的想法)。我可以不决定去行动还是去肯定。因为真理的秩序存在于我之外,把我定义成意志自由的东西不是创造发明而是拒绝。拒绝到无法再拒绝了,我们就是自由的。因此,方法的怀疑成了自由行动的楷模。(萨特,1962:189—190)

对于萨特而言,笛卡儿式"存在于我之外的真理秩序"成了17世纪的思维方式,这种思维方式只能部分被笛卡儿挑战。应由萨特来行使他自己的否定权力,那是通过申明自由行为在行使拒绝权力的时候也是一种创造和发明。对于笛卡儿而言,考虑到教会的力量还有笛卡儿作为一个有信仰的人对自己的约束,这样的一个举动太过激进。作为一个无神论者,萨特会扩展这种笛卡儿洞见,声明我们的自由不仅仅是拒绝或者是否定,而且还是有创造性、发明性的,因为如果假定的上帝或者真理的永恒秩序不存在,"必然会有人发明真理",而这个"人"一定是我们。

确实,在《笛卡儿自由》的结尾,萨特认为笛卡儿的功劳不仅仅是通过系统性怀疑的方法发现否定自由,而且发现这个自由是有创造性的自由:"但是笛卡儿警告我们,上帝的自由并不比人类的自由更加完整,这两种自由彼此相像,我们就产生了一种新的研究

第三章 笛卡儿的重要性

方法……"（萨特，1962：193）。"笛卡儿的上帝是由人类思想创造的最自由的上帝"，他不会受到任何约束、任何限制（萨特，1962：194）。笛卡儿认识到"自由的概念必然涉及绝对的意志自由，自由行动是绝对新的产物，它的萌芽无法遏制在世界的早期状态中，结果自由和创造合为一体"，笛卡儿的思想使他能够假定自由是"真理的基础"（萨特，1962：195），而且使他能看到"所有理性的根基都应该从自由行为中寻找"（萨特，1962：195）。萨特说，笛卡儿这个"教条式的理性主义者"把神圣的自由看作是知识的行动和善良的发明，他将意志和直觉视为一体，归于上帝，进而提出"神圣的意识不仅是需要构建的，而且是需要沉思冥想才能得出的"（萨特，1962：195）。笛卡儿的关键策略是"归根到底，神圣的天赋特权是一种绝对自由，创造了理性和善良……"（萨特，1962：195），然而，"这种自由和人类自由是一样的，他在描述上帝的自由意志时就意识到他仅仅阐明了自由的隐含内容。"（萨特，1962：196）。在这里，萨特抓住了他认为笛卡儿所做的最重要又自相矛盾的贡献：

> 如果我们仔细审视这个问题，我们应该看到，这就是为什么人类的自由不受自由和价值秩序限制的原因，而我们也许能将自由和价值看作永恒的东西，看作存在的必要结构。正是这个神圣的意志确定并支持这些价值观和真理。我们的自由只受到神圣自由的限制。世界只是自由的创造产物，自由会永恒

维护世界。如果真理不被这个无限又神圣的权力役使,如果人类的自由不占据、不假设、不确认真理,那么真理就什么都不是。自由的人在面对绝对自由的上帝时是孤独的。自由是存在的基础,而存在是自由隐秘的一面。在这个严密的系统中,自由是必然性的内在意义和真实面目。(萨特,1962:196)

因此,萨特在笛卡儿的身上发现了对人类自由和责任进行肯定的哲学源头。尽管笛卡儿生活在专制时代,但是萨特赞扬他在描述神圣自由之后回归到自己的自由中,他说这个自由"没有证据支持,仅仅凭我们对它的体验而为人所知"(萨特,1962:196)。萨特写道:"笛卡儿被他生活的时代还有他的出发点所强迫,把人类的自由意志仅仅简化为否定力量,否定自身直到最终向神圣的关怀妥协、放弃自己",但是这并不重要(萨特,1962:196)。笛卡儿"假设上帝拥有最初的自由和构成的自由,而且他通过'我思'的方式认识到自由的无限存在",但是这也并不重要(萨特,1962:196)。萨特说,所有这些都不重要,因为:

> 事实是一个强大的、神圣的、人类的肯定力量贯穿并支持着他的宇宙。人类经历了两个世纪的危机——信仰的危机和科学的危机——才重新获得笛卡儿认为的上帝才有的创造性自由,才能随之怀疑作为人文主义重要基础的真理:世界因为人的存在而存在。但是我们不应该责备笛卡儿把原本属于我们的东

第三章 笛卡儿的重要性

西给了上帝,而是,我们应该赞美他即使身处专制的时代还能奠定民主的基础,赞美他直至最后一贯遵循自主理念,赞美他比海德格尔的《根据的本质》更早理解到存在的唯一基础是自由。(萨特,1962:196—197)

在此,我们可以看到萨特对笛卡儿深深的钦佩和感激之情,笛卡儿先于其他人展示了人类自主的根本性,使人类能够怀疑世界,并创造性地认识自己和自己在世界上的位置。重要的是,萨特会在他自己的哲学中延伸笛卡儿的洞见,声明否定的力量或者说"不"的力量或者怀疑世界的力量,是人类区别人类实在和对象的独特能力,是让我们的世界充满可能性的独特能力。拒绝、询问、怀疑、判断、体验不存在的能力是人类显著的能力,萨特说,也是我们自由的证明。这直接提出了一个问题:我们是什么样的存在,以至于能够自由创造这个而不是那个可能的现实?萨特最重要也最有影响力的著作《存在与虚无》主要就是致力于研究这个问题。

人类的境况

第四章

掀起了一股独创的热潮，不是目标的热潮，而是问题的热潮。没有人给出任何答案。没有答案。我们找不到答案，但是我们能创造答案、选择答案。（萨特，1992：449）

第一节　我们的自由

萨特最重要的哲学著作《存在与虚无：现象本体论随笔》（*Being and Nothingness: An Essay in Phenomenological Ontology*，以下简称《存在与虚无》）出版于1943年，是一部长篇巨著，长达700页，充满复杂、深奥的哲学术语，鲜明生动，有时夹杂一些诙谐幽默的例子来阐明萨特想要阐明的思想。在《存在与虚无》中，萨特综合了胡塞尔的现象学（精准描述我们的意识活动对象以及研究向我们展示经验对象的意识行动）和胡塞尔的学生海德格尔的本体论（研究不同存在以及他们的结构）。在萨特看来，两位哲学家

第四章 人类的境况

都做出了重要的贡献,但是就他们自己而言,他们的贡献是不完整的。萨特指责胡塞尔把所有的哲学重点都放在我们的意识行动上,却没有讨论我们意识到的世界。总之,胡塞尔的方法太过接近理想主义,他认为我们脑中的观念代表或反映了这个世界,世界仅仅是这些观念的表现,而这些观念是最真实的(不是这个世界是最真实的)。海德格尔在他的不朽巨著《存在与时间》(Being and Time)中对本体论的研究过于强调这个等式的另外一边,也就是存在,从而使得意识本身相形见绌。萨特的天才之处在于他意识到需要两种调查研究。在《存在与虚无》中,他尝试综合胡塞尔和海德格尔的学说。

从广义上而言,萨特在《存在与虚无》中提出,我们作为行动者享受到的自由在于我们拥有充满创造性且自主的行为,而不是如同某些批评家所指责的那样,在于莽撞任性。萨特有力地争辩道,我们作为人所拥有的自由不是做任何我们想做的事情,比如一时兴起飞到月球,而是在这个给予我们阻力、甚至常常充满巨大障碍的世界中塑造、改造自我。萨特想要强调,在重要的道德意义上,我们可以自由地选择自己成为什么样的人、选择一个什么样的世界。

在笛卡儿的影响下,萨特强调人与众不同的地方在于他们有自主性,也就是说只有人才能够退出他们所面临的任何形势,可以经常探究、怀疑、拒绝形势,更重要的是可以改变形势。此外,在萨特看来,虽然我们常常在强加自己身上的文化和社会角色、期望以及价值观中寻找舒适的慰藉,但是归根结底我们总是可以自由地拒绝以上任一或所有东西。因此，虽然我们相信自己实际上必须遵从外在力量，但萨特坚持认为，我们遵从这些力量就是选择这些力量。因此，我们成为什么总是首先由我们选择成为什么决定的，而不是由强加于我们的外在东西决定的。

我们可以很容易就理解苏格拉底和笛卡儿对萨特观点产生的影响；他相信人通过选择、推理、探究、怀疑和反思，形成自己的道德观点，知道什么才能造就美好的生活。他认为，通过积极的自我批评和对信仰、欲望、习惯以及坚定信念的自我探究，人可以获得个人的以及人与人之间的安乐。苏格拉底的格言"未经反思自省的人生不值得活"和笛卡儿通过怀疑和探究来"质疑权威"的真理体系，在此非常明显。虽然出于不同的原因，但是苏格拉底、笛卡儿和萨特都致力于思想的自由，思想的自由将人和宇宙中其他东西区别开来。这三个哲学家都用自己的方式拥护人类的自由，萨特肯定会坚持，我们有可能按照苏格拉底敦促他的雅典同胞的方式来反思自省我们的生活，也有可能按照笛卡儿在《沉思集》中的方式来独立思考、质疑权威，但是所有这些的前提是我们是自由的。在他看来，我们绝不会处于完全无助的状态，因为我们的意识和我们意识到的世界之间存在巨大的分歧或者差别，即使在最困难、看上去最不可能的情况下，我们也总能问"我能做什么？"或者"我必须做什么？"因此，我们并非纠缠不清地依赖世界或者依赖自己的处境，因为我们的意识活动能确保我们在面对世界或者任何处境的时候能够退后一步来审视，它是我们作为人、作为人类实在的特征。

第四章 人类的境况

确实,萨特希望他的哲学能改变世界。他用各种不同的方式反复强调,只有我们才能让世界变得更好或者更差,只有我们才能拒绝这些说"不,我们不能"的人,只有我们才能支持这些说"是的,我们可以"的人。即使冒着巨大的风险,我们也要与这些人一起说"是的,我们必须做,我们会做"。对于萨特而言,有一种事业比我们自身更加伟大,那就是个人和集体在面对充满可怕的障碍和各种不确定的世界中创造人类的繁荣。

对萨特而言重要的是,虽然我们可以自由选择我们是谁,但是我们不能自由选择我们是什么。正是在这个意义上,我们的自由涉及某种悖论,因为我们不能自由地选择不自由;自由的底面是在充满各种可能性的偶然世界中它的必然性。同样重要的是,萨特意识到我们的自由显然受到某些决定因素的限制和影响,比如生物的、心理的、身体的、历史的等,他效仿海德格尔把这些称为"实际性"(这就是为什么我不能一时兴起飞到月球或者突然决定成为一个世界级国际象棋手的原因)。萨特当然意识到,只要我们的身体处在自然界中,我们就受到自然法则、自然界一般因果决定论的制约。我们带有一定的动机、情感、欲望还有价值观处在这个时空中,萨特承认,从这些方面讲,我们确实是被决定的。重要的是,事实上萨特并不认为人类的意识完全与自然分离,因为意识总得有所依附;在这个方面,他的观点迥异于柏拉图、笛卡儿和康德,他认为人类意识有独立于自然存在的一面,因此不受自然因果法则限制。我们将会看到,萨特在这点上赞同康德:整个人类自由的问题都涉及我们的主体性，而不涉及因果决定论的缺失；萨特不认为人类这个身体化的主体能够逃脱自然法则的约束。因此，在某种意义上，萨特通过改变主体，逃过了由来已久的自由意志与决定论的争论；他无意参与这个争论。他感兴趣的是询问人们在世界上某种特定的情况下如何看待自己以及自己与他人的关系。他们将自己看作带来改变的行动者抑或只是宇宙中的几枚棋子？他们是消极地默默接受压迫和不公还是顽强反抗？萨特和苏格拉底都对这些问题感兴趣。

然而，鉴于萨特认为意识是虚无（关于此，我们很快就会在下面文章中谈到），所以我们从未像自然物一样被完全决定或者被全面确定；物理法则不能像控制下落的物体一样控制我们，准确地说，这是因为我们的意识活动让我们和支配宇宙中其他物体的法则之间产生了间隙。

此外，我们总是能够考虑自己的处境，去探究它、怀疑它、肯定它；它从不让我们一劳永逸地了解。由于我们总是可以自由看待自己的处境，所以对于我们而言，没有什么是永远被完全决定的，相反，任何东西都以某种形式展现在我们面前，我们可以抓住它，也可以认为它无关紧要而不予理会，可以超越它，也可以忽视或忘记它。

对于萨特而言，（现在）在这种选择行动中表达出来的（现在）的我（what I am）即是我（目前）的"个人身份"，这个个人身份由我形成。正是在这个意义上，他宣称我们不是由我们的性

第四章 人类的境况

格、过去、生理或者客观历史力量决定的。虽然我们很想坚持认为我们是被如此决定的，但是萨特提醒我们，人类的独特能力总会怀疑或者挑战我们的性格、过去、生理和客观历史力量对我们的意义。在这点上，在萨特的理论中，"无"可以是不言自明的，不受所赋予意义的支配。恰恰因为我们能够用我们的选择、目标和理由决定我们自己，所以我们是独特的。萨特因此坚持认为，通过目标、行动和选择，我们使自己成为这个世界上的行动者；在重要的道德意义上，我们设计自己的生活，驾驶自己的航船。

另一个理解萨特的意思的方法是说，即便存在着决定论，那也只能是在我们决定自身这一意义上存在，因此我们的信仰、欲望、信念、情感和动机性情对我们而言不是属性或一成不变的自然特征——例如肤色、身高。萨特把肤色和身高这些统称为"实际性"——因为它们描述了我们的某些"实际"。这些特性不像氧元素属于水那样属于我们。更确切地说，萨特宣称，我们与我们的信仰、欲望、情感有关系；对于信仰、欲望和情感，我们有自己的观点，能够明确地反思，进而肯定或者否定它们。所以，同样地，不论我们身处何种处境，这些处境都不能彻底决定我们会做什么、不会做什么，因为我们必须解释这些处境对于我们的意义；在萨特看来，我们的特性或者属性不是不言自明的，因为总是由我们来决定这些特性或者属性对于我们的意义。人不仅仅由某种塑造他们的特性组成，所以人不同于物体；萨特强调，虽然逻辑上的同一性原则适用于物体或者非人的实在（A就是A，因为自己是A，而不是其他什么东西），但是它无法适用于人类实在，因为人在任何时刻，总能不同于他们现在所是（what they are）。一张藤椅只是一张藤椅，一块木板只是一块木板，一支蜡笔只是一支蜡笔，但是人总是不仅仅像它们表面所表现的那样，因为，除了拥有某种特性和"特定"的特征（实际性）以外，它们还拥有可能性和谋划①，而且，这些可能性和谋划能润色并修饰我们天生所拥有的东西。萨特试图在他于巴黎所做的著名演讲《存在主义是一种人道主义》中充分体现这种想法，他提出的口号"存在先于本质"暗示：我们首先在这个世界上出生、存在，然后定义自己或者创造自己的本质；我们的本质并非天生就有，它是我们在一生中不断地塑造、改造而形成的。在这里，我们需要理解的是，生命中最重要的问题是通过存在解决，而不是通过出演一个剧本或者是遵循一种规则手册解决。萨特宣称，正是因为人不是彻底或主要以某种"所予"为特色，所以人是自由的。但他们也由他们的可能性和目标构成，因此也会问与道德相关的问题，比如他们是谁、他们想要成为什么、从个人和集体的角度出发他们应该成为什么等。问这类问题就等于是运用人类独有的能力，就等于是暗示人可以用一种独特的方式为他们的生命（重要的是，他人的生命）负责。

---

① 谋划的原文是 project，project 是存在主义一个比较重要的术语。萨特强调，project 就是动作、活动的开始。而中文中计划、谋划却含有动作、活动之前的意识活动的意思。但第一，国内常以计划、谋划来表明存在主义人是生活在将来的这层意思；第二，也实在抓不到相应的概念来更好地表达萨特的原义，我们也就译为谋划了。——译注

第四章 人类的境况

我们已经了解萨特钦佩笛卡儿发现只有人类的意识才能怀疑展现在它面前的东西,但是他进一步延伸了这种笛卡儿式洞见,拓展了这个洞见对于意义和价值问题的重要性。换言之,笛卡儿在他的《沉思集》中主要专注于用系统怀疑的方法来发现一个基本的、不容置疑的基础原理,并在这个基础原理之上重建所有进一步的知识,但是萨特在《存在与虚无》中关注另外一个问题:我们如何使用探究、怀疑、肯定和否定的独特能力去创造一个有意义有价值的世界。我们如何使用探究、怀疑、否定和肯定的能力才能把意义刻进这个世界,从而改变它的局面?萨特集中研究这种具有批判性的笛卡儿洞见,这种洞见认为意识具有活跃的怀疑能力,他将意识拓展到意识的反思能力,问出关于我们人类的关键问题(成为21世纪的公民意味着什么?)进而退一步考虑、反思(我用什么样的方式能减少我的碳足迹并且帮助缓解全球变暖和环境的进一步恶化?)或者,用萨特的话来说,与所有逆我而行的事物彻底"决裂"?(人权从来不是由政府给予一个民族的;人权必须被赢得,而且经常是通过长久又痛苦的挣扎和抗争赢得)。我们要拿自己的生命做什么呢?我们想要创造一个什么样的世界?什么价值观是最重要的?我们人类的意义是什么?为什么这些问题对我们很重要?在《存在与虚无》中,萨特描述了两个具体的存在领域,这两个领域阐明了我们与世界的重要关系,这两个领域也是回答这些问题的重要出发点。下一步,我们会考虑这个本体论部分。

第二节 两个存在领域

需要注意的是，萨特给《存在与虚无》加的小标题是"现象本体论随笔"。这个小标题是什么意思？回想一下，本体论研究涉及对世界上各种存在的解释或描述。萨特在提出本体论研究时，专注于探索某种特定存在（being）的不同的存在方式（modes of existence）及这种存在与其他存在的关系。针对至少两种据说可能存在（exist）的存在（being），即自在的存在，又叫无意识的存在，和自为的存在，也叫有意识的存在，萨特提供了相关的本体论描述。在提供现象学研究之后，萨特尝试描述生活体验（levécu）的中心结构；在这个意义上，整本书是对人类体验现象的结构性分析，这种现象经常是一种含蓄的"自我经验"，因为对于萨特而言，正如我们会看到的，我们总是在当前意识到我们自己是自由的，或者至少暗中意识到自己是自由的。重要的是，萨特正设法发现生活体验的本质。"发现"这个词暗示他认为我们的体验一直被系统地隐藏，特别是被其他传统哲学家隐藏，这些哲学家在努力理解现实的本质、知识和上帝的过程中磨灭了生活体验的重要性。在此，萨特再一次效仿海德格尔，声称我们很多西方哲学思想一直只是从我们已经建立的反思立场出发。比如，柏拉图和亚里士多德都从某种反思立场出发对现实进行描述，可以说，他们已经本末倒置了，因为

第四章 人类的境况

他们已经忽视了发生在哲学反思之前的人类生活体验。海德格尔和萨特则认为，这种反思的焦点不仅凌驾于我们的生活体验本身之上，而且还改变或者遮盖我们生活体验的现实。结果，哲学一直以来在很大程度上被严重误导，因为它把反思理论放在经验之前，因此，反思理论经常与经验矛盾，甚至相反。

在很大程度上，《存在与虚无》努力恢复生活体验的现实，揭示人类以生活体验作为存在形式的意义。对于海德格尔和萨特而言，"恢复"这个词暗示有些东西已经遗失了。这确实就是萨特想要表达的观点：我们的生活体验在反反复复的哲学反思中遗失了。但重要的是，这不是否认《存在与虚无》从反思立场角度得出的发现；《存在与虚无》着力研究现象本体论，阐明了人类体验的境况以及对萨特而言人类道德体验有可能存在的境况。人类体验的道德层面存在什么样的可能性呢？

现在我们回到萨特在《存在与虚无》中所做的关于自在的存在和自为的存在之间在本体论上的基本区别。我们应该注意到萨特特别关注展示人和物体本质上的区别，关注从我们如何在世界上体验自己的角度去理解这种区别的意义。我们通过一定的"存在情绪"在世界上体验自己，比如痛苦、孤独、绝望、遗弃甚至喜悦等。因此，萨特建立了这种区别，一方面用来确立非体验（无意识）物质对象，也就是萨特所说的"自在的存在"；另一方面用来确立体验（意识）存在，也就是萨特所说的"自为的存在"。

萨特把物质对象描述成完整的、自给自足的、丰满的、无知觉、无生命力的,这暗示他们只是在那里,大模大样地把他们自己强加在这个世界上;"存在是其所是"(being is what it is),萨特在《存在与虚无》中这样告诉我们(萨特,1956:29)。这个就是著名的存在领域,通过萨特最著名的哲学小说《恶心》(*Nausea*,1938)的主人公罗冈丹(Roquentin)得以展现。罗冈丹感觉自己的存在是不必要的或多余的;他的恶心和厌倦向他揭示了他周遭所有东西的偶然性,包括他自己:

> 还有我——懦弱、猥亵、揣摩、玩弄着郁闷的思想——我也是多余的。幸运的是,我没有感觉到,但我明白这一点,我之所以不自在是因为我害怕感觉到(就是现在我也仍然害怕,怕它抓住我,像巨浪一样将我托起)。我模糊地梦想杀死自己,至少消灭一个多余的存在。然而,就连我的死亡也会是多余的;我的尸体,我的血,在这些石子上,在这些植物中间,在这个笑吟吟的公园深处,也会是多余的;腐烂的肉体在接纳它的泥土里也会是多余的;我的骨头,经过洗濯、去污、剥皮,最终像牙齿一样干净,但也会是多余的。我永生永世都是多余的。(萨特,1964:128—129)

在这里,萨特清晰地描述了纯粹、无知觉的存在体验;对于罗冈丹而言,任何东西,包括他的身体、自我都是"多余的",因为它就本身而言没有存在的理由,但是它必须等待意识活动给它加上印记

第四章 人类的境况

才能变得有意义。缺乏意识活动的印记,物质对象就可能只是无端地存在。他们不需要为维持自身或者成为什么而发愁,他们仅仅是其所是(what they are)。就像萨特在《恶心》中描述的栗树一样,物质对象,相对于存在来说,都是多余的"溢出":

> 刚才我在公园,栗树树根恰巧深深扎入我所坐的长椅下面的土中。我已经记不清那是否还是树根,脑袋里所有关于树根的词语都已经消失,与之一同消失的是物体的含义、它的用途以及人们从在它的表面能联想到的词汇。我坐在那里,低着头,微微弓着背,单独面对这个黝黑多结、完全野性的庞然大物,它使我害怕……这个树根有它自己的颜色、形状、固定的姿势……但这些都不值得做任何解释。它的每种特征都稍稍脱离了根枝的概念,从这个概念中游离了出来,甚至半形象化,几乎成为一个全新的物体:每个品质在树根里都是多余的,而整个树根似乎是在逐渐膨胀,在狂乱的过剩中极力想要否定自身的存在。(萨特,1964:128—129)

在这里,我们可以领会萨特对无意识或者"自为"的存在领域的刻画描述,这种存在领域是那样的无意识、无理性,而又多余。

为了与另外一种存在——也就是人类,或者"自为的存在"——区分开来,萨特划定了这个存在领域。我们就是另外一种存在,当然,这种存在拥有体验并且暗中意识到自己拥有体验。萨特坚持认为，人作为"意识活动"，恰恰有着与物质对象相对的区别性特征。我们已经看到同一性原则（桌子就是桌子而不是其他别的东西）适用于物质对象，但不适用于人。对萨特而言，这点非常重要。作为体验存在，人从来不是完整的、从来不是自给自足的，也不是无知觉无生命力的。人这种存在能够用一定的观点看世界，与世界拉开距离，怀疑、否定世界，拒绝或者肯定世界上的事物状态。人总是"不断前进"，他们总是自我超越，因为他们总能超越现在，一头扎进充满无限可能的未来之中（难怪萨特声称我们总是在欢乐中体验自由）。所谓的自我超越是说人能够构思谋划，拥有抱负，想象另外的可能，提前计划，用很多特别的方式创造他们自己。确实，在《存在与虚无》之前，萨特已经出版了两部关于想象的著作，这两部著作都着力研究用想象的力量来创造构建一个不同世界。萨特把人区分为谋划和可能性，而不是区分为东西；人通过积极改变自身在世界上的处境来创造自己，他们想象的力量对这个世界可能出现的样子发挥了重要作用。此外，我们已经看到，物质对象有一种"充实性"和"旁在性"，但是人与物质对象不一样，他们是"空洞的"，在投身于生成中的未来之时总是领先于自己。人与物质对象不一样，他们体验着这个世界，这种体验包括持续创造他们自身，这样他们也许就能有所作为。虽然同一性原则适用于物质对象的本质，但是人则矛盾地必须永远追求有所作为，为的就是保持同一性。

根据萨特的说法，生命对于我们而言，就是我们所做的选择的

第四章 人类的境况

总和，包括我们已经做的和我们将来到死都会做的选择。生命是一个谋划，一项任务，一份事业，一种努力。也许我们能达成目标，但是为了把目标放在心上，我们必须把它当作谋划来经常维持和承担。假设我的目标和梦想是跑波士顿马拉松。除非我把这个目标放在心上，为此努力训练，否则这个目标就只是幻想，只要我选择每天为这个目标努力，那么它就会是一个活的目标。同样，为了表达某些理想，比如讲真话的理想或者是付出比得到更多的理想等，人也会设立目标，但是萨特提醒我们，理想本身需要我们不断投入，这样理想才能坚持。在这个意义上，人绝不可能是完整的或者自给自足的；他们绝不可能简简单单就成为他们想成为的。这个世界无法保证给予他们任何东西，因此他们必须通过自己的努力，一直塑造或改造自己。

萨特效仿海德格尔，认为我们作为体验存在，揭示或揭露了无意识存在（自在的存在）依赖存在，（重要的是）不会创造存在。考虑到一些批评家的反对，这最后一点特别关键。这些批评家认为萨特对自由的承诺过于极端，它允许我们创造任何我们想要的东西，仿佛我们的自由在很多重要的方面不受世界或他人约束。萨特没有创造任何我们想要的东西，而是提出了更加可信的说法：我们能修改我们与存在的关系："'人的实在'不能消除置于它面前的存在，哪怕是暂时的。人所能改变的，是他与这个存在的关系"（萨特，1956：59—60）。

这个思想在《恶心》里得到了强有力的阐明，罗冈丹偶然遇到栗树树根，居然体验到了恶心。为什么？因为他认识到他必须揭示面前栗树的本原以及存在者的共性。"恶心"只是人对于不得不揭示存在的恐惧……因为存在（exist）是为了揭示存在（being）。重要的是，这种不得不揭示存在的行为是萨特认为我们把自己理解为自由的方式之一。在我们自己的揭示之外，什么也没有，只有物质对象存在的无知觉、无生命力，这种无生命力作为揭示的条件和必然性展示给我们：存在（being）必须在那儿，这样我们才能揭示它。由于我们把自己理解为没有目标或没有一个追寻的"所予"（因为，作为自由，我们总是在发展中）的自由，痛苦伴随着我们的揭示。萨特认为，我们痛苦地意识到我们不得不揭示存在并在存在中塑造自我。

既然我们已经在两个存在领域之间确定了萨特的本体论划分，也就是意识活动存在（人）和无意识存在（物质对象和自然界）之间的划分，并表明意识活动揭示无意识存在，那么我们要问人究竟如何揭示存在。首要注意的是对于萨特而言，去揭示存在就是行动。萨特最重要的洞见之一是他认为我们的存在绝不是消极被动的，即便我们倾向于在自欺中把自己视为消极被动（我们会在接下来的部分讨论自欺现象）。我们已经看到，人正是通过他们所从事的人类特有的活动，即揭示活动，区别于物。此外，萨特坚持认为，我们暗中意识到这个揭示活动，因为我们总是暗中反思或者意识到我们自己揭示了我们面前的世界；这就是我们把自己理解为自由的方式之一。

第四章 人类的境况

第三节 否定的过程：揭露、揭示世界和自我

在第三章中，我们已经提到萨特受笛卡儿显著影响的几个方面，特别是我们看到萨特赞扬笛卡儿发现了怀疑和探究在我们意识活动中的重要性；我们能从我们所在的世界中抽身，然后探究它、否认它、怀疑它、肯定它或否定它，所有这些都是人类特有的能力。萨特抓住了这种笛卡儿洞见，并在《存在与虚无》的一个名为"否定的过程"的章节中对此进行了现象学分析。确实，萨特对哲学最重要的贡献之一就是他认为否定的意识活动是我们揭示对抗我们的物质世界的过程。因为我们的意识活动是一种动态的过程，通过这个过程，我们揭示或者揭露世界以及世界中的对象，所以萨特认为我们的意识活动中不存在我们能够指出或确定的东西；很简单，意识是无（因此萨特的书名是《存在与虚无》）。重要的是，我们的意识活动依赖于存在，但它自身不是存在（由于它是一个与存在——世界——相关的"无"，并依赖于存在）。在这里，我们可以清楚地看到，对于萨特而言"存在"是如何成为所有揭示的条件：为了揭示世界，世界上必须有要揭示的东西，萨特跟海德格尔一样，把这种东西叫作"存在"。

显而易见，德·波伏瓦不仅影响了萨特在很多哲学问题上的见解，而且扩充发展了他的一些重大想法，甚至常常阐述的比萨特

更加清晰。比如，关于否定的过程，德·波伏瓦捕捉到了我们能够"让自身缺乏，让存在发生"的特殊道德意义：

> 萨特告诉我们，人让自己成为缺乏的存在，以便让存在发生。"以便"这个词清楚地表明了一种意向性。人对存在的否定不是徒劳的，多亏了他，存在被揭露了，而他也渴望这种揭露。确实有一种对存在的初始依恋，但是这种依恋不是"想要成为"而是"想要揭露存在"的关系。现在，这里没有失败，只有成功。人通过让自己成为缺乏的存在而为自己设定的目标，实际上被他实现了。（德·波伏瓦，1991：12）

正如德·波伏瓦所写，说人"让自己成为缺乏的存在，以便让存在发生"是另外一种表达人能够通过怀疑世界而揭露世界的方式。在这里，笛卡儿的影响又一次显现。作为否定或者退出世界的过程，我们的意识活动在我们找到的和世界上可能被创造的东西之间形成了一个差距或者鸿沟。人与物质对象不一样，他们能够通过萨特所谓的"虚无化活动"退后一步或者从世界中退出来。这种虚无化活动允许世界以一种独特的方式被揭示，并且创造了改变世界的可能。

萨特认为，我们的"自我感"（sense of self）不能被理解成像柏拉图和康德所说的那种"纯粹的肯定性"，比如被完全认定为合乎理性。也不像休谟（Hume）所理解的，完全感性。我们的自我感

第四章 人类的境况

宁可被理解成一种否定性,因为由于我们的意识在我们与世界之间拉开了距离,我们与自身疏离。因此,萨特的口号"人的实在在它的最直接的存在中……是其所不是又不是其所是"(萨特,1956:112)传达了我的自我感正是我通过探究和怀疑来虚无化世界的能力(我正是这种与世界有关的虚无化活动,我不是在任何明确意义上自己所声称的我所是,因为我总是能够否定它,选择成为别的什么)。这种活动从不间断,因为不是我们所是而是我们所做最终定义了我们。因此,德·波伏瓦自相矛盾地评论到,我们只有"答应永远也不与自身重聚"(德·波伏瓦,1991:33)才能保持我们自身的一致性。请再一次回想同一性原则无法适用于人,因为人总是自我疏离,正是在这个意义上人是自由的。通过自我疏离,通过与世界有关的自我的断裂,世界和自我都会被创造、被揭示。通过自我疏离,世界和自我都会改变——变得更好或者更差。

否定条件作为人的特征不仅帮助我们看到人们可以探究并揭露世界的方式,而且给萨特提供了一个基础,在这个基础上人可以不成为其所是。比如,一个人不是学生,不是艺术家或服务员,不会像一个杯子是一个杯子那样;而且,同一性原则不适用于与人有关的方面。我也许是一个物理学家,而不是一个工程师或宇航员,但我只是在非单一的模式中才是物理学家。原则上,又是在这个意义上我们是自由的,我可以在任何时候决定不再做一个物理学家。不做物理学家的境况是由我(现在)是一个物理学家、不是别的东西的事实所创造的。

此外，在萨特看来，即使一个人正承担某种角色，也始终存在转变角色的可能性；一个内科医生也许会突然决定，立刻退出他所在的行业，离开他的办公室。正如萨特所言，对于人的实在而言，"虚无盘绕在存在的核心"，这样的事实向我们展示我们所是的自我一直追求成为我们想要创造的自我，我们塑造自我的过程绝不是徒劳的，因为这个过程是自由的一种表现，有创造性、创新性。

对萨特而言重要的是，意识活动把否定引入世界，这个引入的否定不仅将意识从世界分离出来，而且也依赖这个世界才能达到否定的目的。重点是我们不能主动地或者无中生有地创造否定；真正的否定是在一个人真实生活的基础上创造的；个人面临的环境限制着他们选择，用他们能够感受到的方式影响着他们的可能性。比如，即使我能创造其他可能性，但我不可能立马成为著名歌剧歌唱家。萨特坚持认为，存在一种真实的"敌对系数"［这是萨特从哲学家加斯东·巴舍拉（Gaston Bachelard）处借用的表达］或者我在世界上遇到且无法超越的阻力，这种断言使萨特更加坚定地信奉直接实在论，实在论认为物质的世界独立于我们对他们的意识而存在。事实上，世界充满了阻力，任何看到过"请勿践踏草坪"标志的人都很熟悉这种阻力。几乎人人都有这样的经验，申请竞争激烈的大学或者专业机构的职位被拒。这个世界和它的居民对我们说"不"，正如我们对他们说"不"。此外，这个世界或者说自然本身作为阻碍展现在我们面前，我们也许能、也许不能克服这障碍。虽然我们不能仅用意志驱走地震或飓风，但是萨特认为，我们在宣

第四章 人类的境况

布"地震摧毁了校舍"的时候就把否定引入了世界。因此,当萨特夸张地说"人类通过地震的活动摧毁了城市……通过飓风的活动摧毁了船只"(萨特,《存在与虚无》,8—9)的时候,他正在做一个概念的而不是因果的断言。他说不能把自然的真正力量叫作"毁灭",除非提及一个证人,这个证人通过回忆起地震或飓风袭击之前城市或船只的样子,便能够"虚无化"城市或船只。人只有能够让自己缺乏(自由的意义,允许我们成为非我们所是)并能够看到世界上的不在场,才能断言城市或船只已不复存在。地震其本身只能重新分配像建筑和桥梁等这样的物质;没有人的虚无化判断,一场地震或者一次飓风就不是"毁灭性的"。重要的是,这让萨特成了现实主义者,而不是理想主义者。只有物质的再分配发生了,"毁灭"才有可能发生。因此,这种只有人才能从事的虚无化活动是毁灭的一个必要但不充分条件。毫无疑问,否定的过程是一种笛卡儿式的概念;我们的自由意识——包括我们的想象、情感、评判和怀疑的能力——和世界的顽固阻力之间的对抗是萨特哲学的出发点。

有关人能够通过虚无化活动把意义刻进世界而让自己缺乏或者成为"无"这个问题,要记住的最重要一点是一个人的生活总是存在被彻底改变的可能。在萨特看来,即使某些我们认为已经完全被决定了的东西,比如说我们的性取向,都是由我们建构的。在萨特看来,生物构成在萨特看来不足以构成我们的性取向,因为我们总是可以自由看待它。比如,变性人质疑他们出生时的性别身份,然后改变了自己的性别身份。男同性恋者和女同性恋者质疑自身性别的社会意义以及传统家庭的整体结构,随后与他们的同性创造了幸福美满的家庭。萨特的思想在这里无疑很强烈,而这些坚持认为性取向不可选择的人经常误解,简化甚至扭曲他的观点。在萨特看来,性取向是每个人为自己做的选择;生物条件,甚至未来会发现的所谓"同性恋基因",在他看来都不足以决定一个人的性取向。这些都不充分,原因很简单:一个人的自我感并不完全由他的基因或者生物蓝图构成。在萨特看来,性别也是社会、文化和政治上的概念,就这一点而论,它总是有一个由人传达的动态意义。在这里,我们选择了我们与身体的关系,这样身体成了我们的工具,供我们在这个充满可能性的世界上使用。因此,在萨特的理论中,"我们让身体存在"或者身体"存在本身"的方式会决定我们与世界的关系。萨特说,我的身体"为我所体验却并不为别人所认识",这强调了身体作为谋划工具的重要性。尤其是,对于萨特而言,为我所体验却并不为别人所认识的身体排除了笛卡儿对"我有一个身体"的怀疑。作为一个现象学家,萨特坚持认为密切感知到的身体,并且以一种完全统一的方式体验着它或者让它"存在"。在这里,最值得注意的是女权主义哲学家和评论家谴责萨特支持笛卡儿思想—身体二元论,但是这种谴责是毫无根据的。

我们的虚无化能力允许我们构建自我(selfhood)的意义,但这不是一劳永逸的事情;我所做出的改造自我(self)的选择一直存在于地平线上:同一性原则无法适用。比如,正如我在过去已经构建了我的性别意义,我必须坚守这个意义,或者如果我想,我可以选择在未来改变这个意义。我必须让这个意义存在,并意识到它永远可以成为不同于它现在所是的东西,即使我认为改变的可能遥遥无期。

在萨特看来,说人让自己缺乏或者他们能够从事同一性原则不适用的虚无化活动,就是说人是自由的。他说,在我们尝试用自欺来隐藏自由或限制、否定他人自由的过程中,自由明显表现为否定。所以我们不仅能够揭示世界和自身,而且重要的是在道德上,我们也能够揭示他人:"……意识不限于设想否定。它在其肉体中把自我构成一种可能性的虚无化,另一个人的实在把这种可能性的虚无化当作是自己的可能性而投射出来……正如奴隶首先把主人理解为一个'不'字,或试图越狱的囚犯把监视他的哨兵理解为一个'不'字。"(萨特,1956: 47)。萨特遵循黑格尔,认识到我们的自由受到他人观点的约束和限制:正是通过主人的眼睛,奴隶领会到自己缺乏人性,他把通过主人的眼睛看到的形象变成自己的形象。

第四节 胡塞尔的影响:意向性和自我意识

萨特的短篇专题论文《自我的超越性》(*The Transcendence of the Ego*)写于1934年,当时他正在柏林学习现象学。他不仅接受同时也疏离现象学运动奠基人胡塞尔的学说。萨特完全支持胡塞尔意向性学说，这种意向性学说认为我们的意识活动指向我们身边的对象：意识总是对某物的意识。比如，当我们想象，会有一个想象的对象（比如，在希腊度假的梦）；当我们恐惧，会有一个恐惧的对象（突然出现在我们面前的一辆车）；当我们欢喜，会有一个欢喜的对象（通过竞争激烈的考试）。在这里，中心学说是我们的意识活动总是需要一个对象，我们体验到我们的意识指向我们自身之外的事物。在《意向性：胡塞尔现象学的一个基本概念》（*Intentionality: A Fundamental Idea of Husserl's Phenomenology*，以下称《意向性》）中，萨特有力地提出这样的观点：我们对自身之外的对象的指向牢牢建立了现在我们自身之外世界的存在。重要的是，萨特反驳了其他传统哲学观点，这些观点认为心灵是一种容器，我们脑中的观念反映了世界和世界中的对象，避免与世界本身接触。在这种观点中，心灵接受了对象，并把它们吸收到自己的观念架构中。萨特通过把心灵比喻成蜘蛛来夸张地描述他的观点，这只蜘蛛会"用它的网设置陷阱捕捉猎物，用白色的口水覆盖住猎物，然后慢慢吞食，把他们变成自己的实体"（《意向性》）。回忆一下现象学让我们描述体验对象和意识活动，我们可以很容易感受到这种对比的力量，体验对象在体验和意识活动中显现在我们面前，又通过体验和意识活动揭示给我们。萨特坚持认为，与其他哲学观点相反，我们直接而非间接地接触对象，因为我们的意识活动是直接意向性的。在他看来，我们的意识活动是一个"无"，因为

第四章　人类的境况

它既不是观念的容器，本身也不是一个物；更准确地说，它如同强风一样清晰。它里面什么都没有，只有逃脱自身的活动，超越自身的滑动。虽然这不可能，但是如果你能够进"入"意识，那么你就会被一股旋风抓住甩出来，甩到树旁厚厚的尘土中，因为意识没有"内在"。它正是这种超越自身的存在，这种绝对的逃脱，这种拒绝成为实体，把它造就成了一种意识（《意向性》，4—5）。

> 我们的意识活动"喷射出来"，"冲"向任何它指向的东西，把自己从世界"撕裂"开来，而它自己是世界的一部分。它积极把目标对准自身之外的某物，因此直接与世界接触："诚然，你看到这棵树。但是你只是在它所在的地方看到：在路旁，在尘土中，形单影只，在热浪中苦苦煎熬，离地中海海岸8公里。"（《意向性》，4）

意向性学说之所以重要，是因为它坚定又明确地让萨特接受直接实在论的观点，并反对像笛卡儿这样把怀疑外在世界的存在（和现实）作为获得不容置疑的知识的第一步。萨特经常被误解为一种笛卡儿式理想主义者（认为我们的观念展示或者反映了世界的现实，而世界的存在只有诉诸我们对它的观念才能得到肯定），所以重要的是，要看到萨特从一开始就致力于实在论（这种观点认为世界及其对象独立于我们对他们的观念而存在，我们能够立即直接感知到他们的存在）。我们已经看到，萨特对胡塞尔学说中让他产生理想主义者倾向的东西感到非常不安,因为胡塞尔强调描述意识结构而放弃意识涉及的世界。如果萨特对于胡塞尔哲学的解释是正确的话,那么我们可以认为萨特的意向性学说给予意识活动所指向的世界和意识活动本身同等重视。萨特在晚年证实他一生致力于实在论:"我一生在做的事情就是给实在论提供一个哲学基础"〔《在现实主义和马克思主义之间》(*Between Existentialism and Marxism*)〕。

萨特超越并反对胡塞尔的学说,声称我们所谓的"意识状态"的统一来自于我们自身之外。与胡塞尔相反,萨特坚持认为我们的"自我"(ego或self)是超越的(注意,不是超验的)或者是在我们之外而不是在我们之内的。我在世界上他人中间从事一系列活动,因而产生了属于我自己的想象、感知、恐惧、欢乐和梦,或者说,通过这些活动,我的想象、感知、恐惧、欢乐和梦在我单一的意识中彼此一一区分。萨特认为,我们的自我感来自外界,来自世界,来自他人;自我是"外在的,在世界上,就像其他人的自我一样"(萨特,1957:31)。因此,在这里萨特与笛卡儿非常不同,我们不通过审视自己的内在或者某种沉思自省来"发现我们自己"或者发现我们的身份,而是,我们出现在他人面前,通过他人这个中介发现我们是谁。因此,萨特写到,笛卡儿将意识和反思合二为一,从而不恰当地将反思置于意识之上,而这种反思意识只能是我们意识活动的次要模式,他因此这样评论:"我想的意识不是能思考的意识"(萨特,1957:45)。没有超验的自我潜伏在我们身后

第四章 人类的境况

或者深深隐藏于我们之中引导着我们的意识行为。这与胡塞尔的学说相反。事实上，萨特指责胡塞尔给出的超验自我与他自己的现象学方法互相矛盾，我们在自己的体验资料中没有遇到过超验自我这个实体，而这个实体在胡塞尔的哲学中居于首要地位。为什么我们要假设一个实体的存在来解释我们事实上体验到的东西呢？萨特彻底抛弃胡塞尔的观点，坚持认为我们所有意识活动的统一驻留在等式的一边：在世界上其他人中间；我们不需要假设更多的东西，假设更多的东西是错误的现象学方法步骤，因为我们不能接近或者直接体验此类超验的秘密隐藏的"我"。

我们也许会想为什么哲学家们如此容易就假设了一个自我，当然不止哲学家们这样假设。整个精神分析的理论基础不仅依赖于萨特所否认的潜意识存在，而且依赖于自我的存在。萨特回答说，我们把自我构建成一个稳定的"自身"占位符，为的是隐藏我们自由的事实。我们害怕改变生活，我们与自身自由的对抗总是在萨特所谓的痛苦中被体验到。因此更容易把自己想成不能改变、不能自由改变、坚若磐石般禁锢在一种身份中。但是，我们已经看到，在萨特的理论中，同一性原则适用于岩石、桌子还有其他对象，但是不适用于人，这正是因为萨特的现象学本体论已经显示人凭借他们的意识和活动可以自由变成他们所是以外的东西。所以即使我脾气暴躁，我也不是我的愤怒。即使我感到自己非常害羞，我也不是我的害羞。不论我如何努力，我也不可能有确定的本质或者身份，原因很简单，我们不可能固定面向未来各种可能性的自由活动。正如我

069

们会看到的，人往往只想着，否认自身的自由，固定自己，就好像动作停滞时光凝结。这就是萨特所说的自我欺骗，自我的构建是用来否定自由的一个策略：

> 可能，实际上，自我的基本功能与其说是理论性的，倒不如说更有实践性一点……自我的基本作用可能向意识掩盖其自发性……任何事情的发生……如同意识把自我构建为自身的虚假表象，如同意识着迷于被它构建的自我，并消失于自我之中，如同意识把自我变成自己的守卫和规律……（萨特，1957：100—101）

因为我们已经发现，意识活动是直接的、有意向的活动，与我们自身之外的世界有关，所以萨特声称我们总是暗中意识到我们自己是自由的。他推测，自我（ego）的主要作用是构建一个稳定的、固定的自我（self），来掩盖意识活动的自发运动，设法约束意识活动。我们在自欺中否定自身自由的动机源于我们对自由的恐惧或源于在自由面前所感受到的痛苦。我们会在后面看到自欺如何发生以及为什么它是"坏"的。就目前而言，指出下列事实已经足够：超验自我一直被视为虚假的构建，但是它对于否定自身自由的自欺谋划非常有用。

萨特断言自我是超越性的，这引发的一个非常有意思的后果就是暗示我们对自身有一个更加内在的认识，但是我们对自己的认识并不比我们对他人的认识来得更真实或者更客观："事实上，我的

'我'对意识来说不再比其他人的'我'更加确实。我的我只不过更加内在而已"（萨特，1957：104）。我们会在后面看到这个断言显著影响了萨特对本真的人际关系的看法。目前为止，我们指出以下内容就足矣：萨特的断言——自我处在世界上其他自我之中——是非常重要的。因为这个断言暗示我们首先吸收就是世界通过我们与其他人的互动给予我们的东西；我们的"性格"或者"品质"是我们在世界上进行社会交往的一个构建或者创造。萨特在《存在与虚无》还有他的剧本小说中充分发展了这个观点；通过其他人的注视，我的身份被确定或者冻结，进而限制或者促进了我的自由。其他人给予我一种稳定连贯的自我感；也给我一个既不会帮助我也不会伤害我的"本质"。自我（ego）在世界上其他自我之中是排在第一位的，这样的观点也暗示我们在自我感（sense of self）方面并不受特别的优待；我们的自我感也许离我们更近，因为那是我们的自我感，但是它并不因此而更加客观地为我们所了解。在萨特看来，我们首先通过与他人的互动了解我们自己，而他人就像我们的镜子。所以，对萨特而言，自我（self）起初是一个社会自我（self）。

第五节 意识和反思

在《存在与虚无》中，萨特继续探索自我意识的意义，特别是它与自由的关系:意识到我们自己和体验到我们自己是意向性存在是什么意思?特别是,他在他所谓的前反思意识和反思意识之间做了区别,这个区别在他对人类自由的描述中有着非常重要的作用。举个例子来表明这种区别:如果我在打网球、读小说或与某人谈话,那我没有直接或者反思地意识到我自己,但是我意识到我正在做的事情(网球的发球,小说的情节,我在谈话中说了什么,我是如何回应的等)。我完全专注于一件事情,没有直接或者反思地意识到我的"我"或者"自身";更确切地说,我只是含蓄地、间接地或前反思地意识到我的"我"或"自身"。因此,我绝不可能在行为本身中"发觉我自己",因为我并不专注于我自身,而是专注于我正在做的事情(打网球、读小说、谈话)。但是现在,假设有人突然打断了我正在做的事情,问我:"你在做什么?"在这个节骨眼儿上,我的意识转换,我开始意识到我自己在做这件事情,并回答"我在打网球"或"我在读小说"或"我在聊天"。这种区别再一次显示,我对于自身的意识来自于我在世界上从事的活动,而这种意识是我与世界互动的结果,而不是反思的出发点(在这里,萨特彻底反对笛卡儿以"我"为反思的出发点)。对萨特而言,我们的自我感只真正出现在行动中,而不是在反思中。萨特因此强调,我们不是作为自我(ego)而存在,而是作为"自我的在场"而存在:

> 因此,从它第一次出现,意识就通过反思的虚无化的纯粹

第四章 人类的境况

运动为每个人所特有,因为确定个人的存在不是源于对自我的拥有——它只不过是个性的标志——而是源于作为自我的在场而自为地存在的事实。(萨特,1956:103)

简而言之,在前反思意识中,我只是前反思地意识到我的"我",因为我完全专注于一件事情,我所有的焦点都在这件事情上(比如说,我参与的谈话)。关于自由的问题,萨特声称,我们总是前反思地意识到我们的自由,所以我们可能否定自由。在前反思意识中,当我暂时被人打断,我的自我感突然从前反思转向反思的模式,我的"我"显现。萨特写道,当"我们停止活动,努力去发现我们活动的意义"(萨特,1956:103)的时候,意识显现。

第三种反思,即纯粹的反思,首先在《自我的超越性》中被提出,后来在萨特死后出版的《伦理学笔记》中得到充分的发展。对此,我们会在下一章讨论。目前,我们仅仅会指出在纯粹的反思中有一种短暂的自我意识,把我们自己视为从事一项活动的行动者而不会停止活动或者"把那项活动变为研究的对象"(萨特,1956:103)。在纯粹的反思中,即使我在从事一项活动,我也能质问我自己,这样的质问涉及敏锐的自由意识。我不是(在自欺中)尝试"发现自我"或在反思中约束"真我",或把自己当作对象而过度反思,而是在纯粹的反思中暂时意识到我活动的意义,因此意识到我的自由。纯粹的反思对萨特描述本真以及与他人的本真关系至关重要,这个问题我们也会在下一章讨论。虽然是个前奏,但是在纯粹的反思中，我没有让自己分心去考虑我的过去和现在行为的最深层次意义，或者分心考虑我的未来可能变得不一样。在纯粹的反思中，我敏锐地意识到我能改变自身的全局性选择，萨特把这种选择叫作我们的基本谋划。

第六节　我们的基本谋划

虽然我们已经看到，对于萨特而言，我们意识到活动的背后或者意识活动之中不存在超验的自我，但是他认为存在一种"自我的统一"或者一个"基本谋划"。他认为，行动的深层次来源以未来为导向，带有存在的偶然性，在概念上不为我们所认识。我们通过展望未来和超越我们自身所在的处境来塑造自己、定义我们的生活。他说，我所有的欲望、信仰、理性、信念还有体验，"它们的意义来源于我对自己的原始谋划，这种谋划是我对自己和世界的选择。"（萨特，1956：39）。

我们的基本谋划指定了我们在世界上最初的、整体的自我选择。萨特说，它是"从原始的谋划出发被理解的，原始谋划不再能从任何别的谋划出发被解释，并且是完整的"（萨特，1956：479）。他写道，基本谋划是"使一切体验成为可能的东西……自为作为面对其所不是的对象在场的原始涌现。"（萨特，1956：

第四章 人类的境况

176)。在这里,我们又一次欣赏到萨特揭露意识活动是一种"涌现"的夸张描述,欣赏到他玩转否定(我们面对我们所不是的对象的在场)。我们的基本谋划在超验意义上是"原始的"和"基本的";也就是说它是我们存在于世界上的条件……它是让我们所有其他谋划成为可能的谋划,在这个谋划之下,所有其他的谋划都可以被解释。萨特想要说,我们与存在的最根本的关系不是一种了解关系,理性关系或者认知关系。不论了解、理性还是认知关系都是次级的,我们与存在的最根本的关系是一种以上这些关系本身都依赖的关系,也是让所有这些关系成为可能的关系。萨特所提及的是对所有人类体验都非常根本的东西,但是对于在对人类体验中的任何特定的东西而言却不是根本的。我们对自己的最初选择是我们存在于世的最基本的方式,它构成我们与存在的联系,并不依赖任何更加基础的东西,我们理解这种选择,萨特说"它不源于任何先前的现实"(萨特,1956:464),它是如此的根深蒂固以至于它"不含任何其他意思……只指向自身"(萨特,1956:457)。

重要的是,我的根本谋划是全面的:我们生活的每个方面都表达一个"主题的构造和在这个整体中的内在意义"(萨特,1956:468)。我们做的任何事情,甚至看上去是微不足道的行为,都反映了我们对自己的更深层次的选择。萨特提供了一个疲劳的徒步旅行者的例子来说明一个可能的基本谋划。徒步旅行者的疲劳表现为占领高山而获得体验……直至最后战胜它。于是,我同伴的疲劳是在这样一种广泛的谋划之中被体验到的,这种谋划是全然追随本性的谋划，是激情的谋划，使得疲劳全力存在，同时又是甜蜜统治和化为己有的谋划。只有在这个谋划中，只有通过这个谋划，这疲劳才是可以理解的，疲劳对他才有意义（萨特，1956：587）。

在这个例子中，同伴的疲劳逐步显现，疲劳揭示了关于他的一些非常基础又根本的东西——它揭示了他在这个世界上对于自我的全部原始选择。因此，在萨特看来，我们所有的次要谋划都用自己的方式揭示了我们对自身的原始选择。虽然萨特的例子说明，同伴的疲劳让他选择追随自己的本性、获得对它的统治，但是让我们假设别人在感受到"太累了而无法前行"的当下，选择屈服于他的疲惫。假设他决定放弃，并把他的背包扔到路边，拒绝继续前行。萨特说，这也揭示了他在世界上对自己根本的、原始的选择和一整套不同的价值观念：他"屈服于疲劳"而不是接受疲劳并把它视作挑战来征服。现在，假设我们第二个徒步旅行者决定反抗它的疲劳，继续向山顶行进。萨特说当然，他也许会这样做，但重要的问题是，他这样做牺牲了什么？对于我们大多数人而言，这种牺牲往往太大了，结果我们倾向于接受我们的基本谋划，如同湿水泥变成混凝土。

在另外一个很有启发性的例子中，萨特研究了法国诗人让·热内（Jean Genet）。儿童时期的热内因为无知地从一个抽屉里拿走了一些东西，从此被打上小偷的烙印。萨特展示了热内选择采用"小偷"的基本谋划：热内成了小偷。热内的基本谋划就是接受社会给予他的身份，只是与我们大部分人不一样的是，他的基本谋划是本真性的，因为它具有革命性：作为一个诗人，热内让社会瞥见了自身的贪婪以及对邪恶的需要；他吸收了社会给予他的一文不值的低下地位，就是为了反射社会所创造的东西，这样的话，社会能面对它自己创造底层社会的需要，社会依靠这个底层社会来维持自身。

我们的基本谋划揭示的"不是我与世界上这个或那个特定对象的关系，而是我与我的整个存在于世的关系"（萨特，1956：65）。重要的是，我们积极构建我们的谋划；它并非消极地进行。所有我们能想到的会以这样或者那样的方式引起或决定我们的影响力，不是因为这些影响力本身的内在，而且因为我们对它们的理解，导致它们能够影响我们。我们已经理解，在萨特的理论中，像我们的基因蓝图和环境社会因素这样的先前条件，在重要的意义上为我们所选择，我们在谋划自身的过程中超脱于这些因素，决定他们对我们的意义。萨特所谓的"实际性"——这些关于我们基本的"实际"，比如地点、时间、出生环境、肤色、社会经济地位和文化条件等，只有在我们理解它们之后它们才能作用于我们，也就是把它们转变成处境的情况下才能作用于我们："环境只有在主体理解它的严格条件下才能作用于主体，主体理解环境就是把环境转变成一个处境。"（萨特，1956：572）。

尽管我们把给予我们的东西转变成处境，但是在萨特的理论中，我们塑造自己的选择在因果关系上不是空洞无意义的，它是在所予的背景下发生的。由我们决定是否承担它们，是否在它们身上找到意义并让它们成为我们生活中有意义的一部分。它们就在那，是给予我们的，但是他们不是现成的，也不是预先打包好的。只有把给予我们的东西转变成处境，我们才超越处境。萨特提供了一个例子来说明一个人如何通过把自己的残疾转变成一种处境来体验残疾：

> 甚至我患的残疾，我通过体验，承担了它；我超越它奔赴我自己的谋划，我使它成为我的存在的必然障碍。我不选择我为残疾，我就不可能是残疾人，就是说我选择了用以构成我的残疾的方式（如"难以忍受的""使人丢脸的""完全暴露""骄傲的对象""对我的失败的辩解"等）。（萨特，1956：328）

因此，对于萨特而言，我们对自己的原始选择是"……通过这个选择，所有的基础和所有的理性都形成了"（萨特，1956：479），这个选择不是自我形成的。他说，它是一种无根据的基础，我们通过这种基础调整自己适应世界；它是一种脆弱的"偶然的基础"，接受改变（尽管萨特坚持认为我们中的大部分人反对改变基本谋划）。

我们已经看到我们的基本谋划是如何被揭示的，而揭示的方式就是我使自己适应世界。对于目光敏锐的观察者而言，我的行为揭示了一种根本的方法，我用这个方法将自己和世界联系起来。重要的是，我们的基本谋划虽然被我们所体验，但是并不意味着它为

第四章 人类的境况

我们所认识,"……如果基本谋划完全被主体体验到,并且因此完全有意识,这也不意味着它必须同样被主体认识,恰恰相反"(萨特,1956:570)。我们的基本谋划并非一定要为我们所认识,因为,我们已经看到,萨特并不推崇我们对自身的反思。虽然我们对自己比对他人有一个更加内在的意识,但是我们并没有因此拥有一个更加概念化的意识。在萨特看来,我们与自身以及我们所生活的世界的第一的、直接的关系不是概念化的或者反思性的,这种关系是前反思,也是参与行为,向充满可能性的世界伸展。因为我们不是通过内省而是通过他人的中介来了解我们自身,我们将会看到,我们与他人的关系依赖于他人对我们的评价,这种评价可能肯定也可能否定我们的自由。萨特对热内的研究在这里是相关的,因为他展示了热内用他人的眼光看待他自己,把自己看成一个小偷。热内将社会给予他的价值观划归己有,接受了自己的"小偷"身份:他变成了社会需要的小偷,然后超越这个境况成了一位革命性的诗人。但是作为儿童时代的无知行为,热内不得不先忍受社会强加给他的一些东西。萨特争论道,其他人经常力图否认而不是肯定我们的自由,想以此"偷走"我们的自由。萨特声称,这种从他人处偷走自由的尝试,是人们大肆倾向于不诚实或"自欺"的结果,这种不诚实或"自欺"与他们的自由问题息息相关。萨特认为,我们中的大部分人都在追求自我完善或者圆满的不诚实谋划,这就是萨特所说的成为上帝的欲求或者自因。

第七节 成为必然的欲求

在《存在与虚无》中,萨特声称,在人类的大部分努力和关系中,我们都在寻求逃离自身仅仅作为偶然的、事实的存在的状态,为的是得到一种必然存在的状态,而这种状态是其本身的基础。在西方的哲学传统中,至少从13世纪以来,圣托马斯·阿奎纳(Saint Thomas Aquinas)在他的著作中通常把这种人类欲求叫作"上帝"。在萨特看来,我们努力想获得神性或者他所说的自在—自为①不可能的统一(或者,自因)。他说,这个谋划是前反思的谋划,因为我们不用直接怀疑它就能体验到它。此外,它是隐性的,因为即使在暗中,我们也得意识到,我们绝不能以任何最终的方式成为必然或者成为自己的基础。我们已经看到,对萨特而言,我们总是前反思地意识到我们与世界是疏离的,因为我们可以自由地怀疑世界。所以,我们也能够前反思地意识到我们绝不可能获得"上帝"所拥有的必然的存在或者完整,如果"上帝"存在的话。确实,如果上帝存在,上帝会是一个存在的纯粹的多余:上帝不需要任何东西。上帝当然不需要怀疑"自己"或者"它"与世界的关系。萨特坚持认为,我们把成为"上帝"进而成为必然和自由的综合体的欲求当作

---

① 获得"神性"或者成为必然存在,却仍然保持自由。——译注

第四章 人类的境况

一种价值观来体验,因为这种欲求被我们体验为我们存在的缺乏,因此一直被我们所追求。这种欲求是一个矛盾的目标,因此不可能实现,这是一种自我挫败的欲求,萨特写道,因为"一个人不能超越对自我基础的需要,同时又承担获得这种需要"(萨特,1956:27)。我已经存在,又怎能造就自己?不难看到这种欲求构成我们意识活动的异化,因为它让我们变得自相矛盾,这种自相矛盾让我们的自我感分离。因此,不是我们的意识活动成为自己的在场,而是这种欲求有意识地努力建立在场或者为这种在场辩护,这就是为什么萨特在《存在与虚无》中把这种努力描述为无用的,并且夸张地声称人是一种"无用的激情"。

成为必然的欲求当然是对自由的一种否定,然而这种欲求是我们自由选择的谋划,萨特相信,它也是我们体验并且相信自由的一种主要方式。确实,这是最常见的方式。然而,我们在这里要小心谨慎,因为萨特的观点非常微妙。他声称,我们大部分时间逃离我们对自由的愤怒意识,但不是在所有时间都是如此(萨特,1956:556)。尽管如此,采取成为必然存在的谋划是最典型的逃离自由和与之相随的痛苦的例子,并且我们错误地相信,它阻碍我们在这个危险又充满不确定的世界里做出选择。在我们努力约束或搁浅自由的过程中,我们错误地相信,我们给了自由一个安全的基础。但是很明显,这样的努力总会被证明是徒劳的,因为我们的自由绝不可能是一个基础。萨特的本体论发现,我们的意识活动不能占有或者同化存在(所是),正如空气维持鸟的飞翔,我们的自由维持我们，不会把我们压倒（然而，除非有人提及，自由对我们是一种负担，面对这样的事实我们感到痛苦）。如果有人正在谈论伴随自由而来的痛苦，那么说，我们中的很多人体验到它是困难的，甚至是令人畏惧的就会是真的。事实上，我们对自由产生的痛苦意识可以如此可怕，如此令人恐惧，如此负担沉重，以至于我们希望获得不可能的必然，并将其作为主要谋划，涵盖其他谋划、其他态度、其他存在方式及其他存在模式，而萨特说所有这些都是在自欺中被采纳的。

第八节　自欺和"真诚"作为我们面对自由的态度

　　我们可以看到，萨特把我们的意识活动描述为缺乏带有人格的自我一致性（一个人不像一张桌子或一把椅子那样存在，因为物体的属性特征被其所是耗尽，而人不一样，人总是能成为他们所是之外的东西），还声称意识到不代表我们为了给自欺提供条件而把意识到的东西概念化。也就是说，因为我们的存在是自由和虚无的，所以我们能够否认我们的自由。在这里，我们回忆一下，诸如"我不能自由行动"或者"我永远不能跳槽"这样的否定声明，还有我们在世界上发现的真正的不在场或者缺乏，都是源于我们的否定意识活动。自欺的可能性给了我们关键的暗示：我们的否定活动也涉及我们自由怀疑我们存在的意义的能力，包括怀疑我们是否自由。

第四章 人类的境况

当我们确实怀疑存在的意义的时候，我们经常体验到深深的焦虑，甚至是一种恶心，这种恶心与萨特笔下的人物罗冈丹体验到的恶心是一样的，书中罗冈丹在面对栗树树根时发现自己完全是偶然或"多余"的。我们该做什么呢？萨特说，典型的情况是，我们会逃离这些不舒服的感觉，而我们对自己隐瞒自己的自由是我们逃离的方式。正如我们认为成为必然或者成为"上帝"的欲求是前反思的谋划，逃离自由和痛苦的尝试也是前反思的自由谋划。因此，虽然我们总是前反思地意识到我们尽力对自己隐藏的自由，但是隐藏这种自由的谋划也许不被我们所知。关于我们的谋划，我们也许能成功对自己撒谎，不用把这个谎言变成反思或者知识的对象。这就是为什么自欺是按一定方式相信并体验自由的谋划；这就是为什么我们能够相信自己告诉自己谎言的原因。

角色扮演是我们能够在行为中看到自欺的一种方式。当一个人在社会中不加批判地承担一个特定的角色，并认为这个角色发源于"自然"或"社会"，那么这个人就不能把自己看成是他选择的角色的创造者。一个穿着花呢夹克衫、神情冷淡傲慢的教授，或者因为自以为是而破坏了真挚的医患关系而又神气十足的内科医生，或者做了母亲、任由母性阻止她做任何事情的女人，在所有这些例子中，这些人都允许社会角色和期望胜过他们的人性。萨特提供了一个他自己的例子，让我们不得不看到其中的幽默：

> 一个杂货店主白日做梦，这对顾客就是一种冒犯，因为

这样的店主就不再完全是一个店主了。社会要求他局限于店主的职责之中，就像立正的士兵，做士兵该做的事情，眼睛直视前方，但他什么也没有看见，他的目光不再是为了去看，因为是规章制度而不是眼前的兴趣决定他应该注视着的这个点（目光"盯在十步远之处"）。这些确实就是为把人禁锢在其所是之中的预防措施。我们就好像生活在一种永恒的恐惧之中，怕他逃离，怕他挣脱，怕他忽然逃避他的境况。（萨特，1956：59）

在这里，我们可以看到萨特断言的力量，社会希望每个人机械地、毫不质疑地去承担每一个角色，而我们常常欣然执行命令。诚然，我们"接受我们在生活中的位置"，接受事先给予我们的角色，但是我们没有把我们自己看作是自身存在的自由源泉。以这样的方式生活就是放任我们自己生活在自欺中；对于自由问题，我们自欺欺人。苏格拉底会说，这如同我们一生都在梦游，全然不理会这样的态度对我们自己和他人所带来的暴力。

自欺也许能被理解为我们相信并面对自由的一种方式。因为我们已经看到我们的自由总是不确定的，我们能够决定我们相信并面对自由的方式，因此我们对待自由的态度是我们对待信仰的态度，而不是我们对待客观事实或者确定性的态度。正如我们持有其他信仰是带有或者不带有证据或者支持的，我们对于自己的信仰可以是批判的或者不加批判的。重要的是，由于信仰的本质是只能说服他

第四章 人类的境况

人不能使他人信服（因为信仰不是不可置疑或者确定的），我们也许能选择某种方式去面对有关特定信仰的证据。由于我们的信仰绝不可能完全合乎情理，因为他们总是成问题的，我们能够而且经常利用这样的事实：信仰绝不可能完全合乎情理。我们可能不会要求很多证据佐证，因为，毕竟再多的证据也不能使他人信服，也可能会要求很多证据佐证，以至于我们拒绝相信任何东西，因为我们永远也不能有足够的证据来让自己信服。因此，在第一种情况下，乔治·沃克·布什（George W. Bush）、迪克·切尼（Dick Cheney）和中央情报局在自欺中构建了伊拉克和"9·11"事件之间虚假的信仰，并把这种信仰作为侵略伊拉克的借口。他们降低了可接受和有说服力的证据的门槛，只为了说服美国不再等待，因为这样的等待是不会有结果的（甚至是危险的，因为再耽搁下去，不跟伊拉克宣战的话只会给美国构成更大的风险）。在这里，相信伊拉克与"9·11"事件有关，变得非常合理（而鉴于信仰的本质而言，信仰本身是不可能非常合理的），因此，并不需要被怀疑。在第二种情况下，一个人拒绝在证据不足的基础上相信任何东西（因为再多的证据也只能说服，不能使人信服），比如，很多人拒绝相信人类行为在很大程度上要为气候变化负责。尽管来自全球的著名科学家已经在气候变化这一现实以及人类活动和气候变化之间的关系上表明了态度，还是有很多人拒绝相信气候变化的事实及其成因，或者，他们相信气候变化正在发生，但是怀疑是否是人类引起了气候变化。

所以我们看到自欺涉及我们与信仰和忠诚本身的关系。人们利用信仰本质的方式可以是通过要求更多的证据佐证，也可以是通过坚持认为永远不可能有足够的证据佐证（以至于任何信仰都可以被合理化）。当然，人也可以伪造证据，并说服自己（和他人）去接受或者拒绝这一证据。当自欺需要一个完全合理化的信仰时，更加常用的策略是我们列举任何一种证据为我们的信仰辩护。此刻，萨特写道，一种特殊的证据显现了，也就是无说服力的证据（萨特，1956：68）。我们看到自欺和自由之间的关系涉及我们如何面对自由的问题。我们如何面对我们的自由呢？我们躲着它？逃避它？还是面对它？面对自由的时候，我们应该采取什么样的态度呢？

如果我们采取批判而不是不加批判的态度来面对我们的自由，我们的态度也许能被理解为一种"真诚"。虽然自欺会关注并领会（有说服力的）证据，但是它并不允许自身被这种证据说服（所以即使有再多有悖于布什政府侵略伊拉克计划的证据，也无法说服他们重新考虑侵略事宜）；它不允许自己被说服，不允许自己转化成真诚。"真诚"批判地看待证据，允许自身相应地被说服；它允许自身变得有批判性、开放，而不是变得封闭、毫无批判性。它接受这样一个事实，所有的信仰都是成问题的，但还不至于接受以下两点：没有证据能够说服我们，我们能够让任何一种证据都具备说服力。

第四章　人类的境况

第九节　自欺、真诚和我们的基本谋划

我们已经看到我们对自由的意识往往是变化不定的，因为自由本身总是成问题的。真诚允许我们直面如何看待改变基本谋划的可能：我们认识到所有人、甚至包括我们自己，都感觉自身"一成不变"。一些人相信自己是如此不可救药，不可能从他们"不变"的地方挣脱出来，他们确信自己不可能再有其他选择或者其他机会，好像他们慢慢沉入流沙，好像双腿深陷在迅速变硬的水泥里。我们可以看到，这些人在自欺中否定自身的自由。但是重要的是要看到这些表明自身无法改变的声明显示了自欺中一个更加基本的态度或者谋划：这个谋划就是成为必然的、受限的存在，无异于一块岩石、一张桌子的存在。萨特写道："当我们仔细考虑的时候，是形势危急的时候。"萨特的意思是，所有的考虑都在整体的谋划中发生，当我们承认有可能改变谋划本身的时候，是我们面对真正的自由问题的时候。举个例子：我在纽约一个大公司遇到了一个数学家兼计算机模型分析师，他来自智利，但在纽约生活了很多年，正在考虑读数学博士。但是他一直有一种烦躁不安的感觉，觉得自己把灵魂卖给了美国公司，刚开始这种感觉很少发生，也不连贯，但是现在这种感觉频繁出现。他感到很糟糕，一周有五天忙碌着为别人工作，而这些人只关心他能否为公司盈利。他越来越感觉自己与世

隔绝，形单影只，他的自我感分崩离析。他说梦想回到智利的乡下去种植葡萄园，但是内心纠结自己是否能够做到。这将意味着创办一家不确定的企业，正如他所说"我可能会失去所有东西……所有我工作获得的东西"。他应该怎么办？我们知道萨特会怎么做，他会蔑视所有感知到的风险和不确定，继续追梦前行。他会放弃他在纽约的工作、他的职业、他的经济保障——所有这些。对萨特而言重要的问题是，他这样做的代价是什么："毫无疑问，我本可以不这样做，可是代价是什么呢？……很明显，如果没有同时假设我从根本上修改自己的原始选择，这个行为本不可以修改。"（萨特，1956：464）。

重要的是，一个人不会在真空中改变他的基本谋划。有时候萨特把改变谋划称为"皈依"，它发生在过去的背景下："一个皈依了的无神论者不仅仅是一个信徒，他是一个在自身中把作为无神论者的谋划过去化的信徒。"（萨特，1956：466—467）。在这个节点上，我不知道我的朋友会做什么样的决定。但是，萨特会说，我的朋友正用一种批判性的意识看待自己的生活，他意识到他所做的选择会把一定的价值观刻到世界上，他可以按照这些价值观生活。他认识到自己可能用不同的价值观来过一种不同的生活。在真诚中，我们接受了自由的挑战。我们接受了"不安"的自由的模棱两可和紧张状态，因为自由总是成问题的。在自欺中，正如我们已经看到的，我们倾向于否认自由的挑战，并采取一种特定的生活方式，这种生活方式允许我们生活在自满和顺从中。我们的自欺态度

第四章 人类的境况

促使我们说,"让别人做我不能或者不愿做的事情"。或者"我做了有什么好处呢?"在自欺中,我们不会对自己提出更多的要求,我们仅仅过着我们拥有的生活。在自欺中,我们认为自己已经是被塑造好了的,我们给自己打上"懒散""悲伤""压抑"或"愤怒"的标签,并因此变得如石头一般坚硬而顽固,如折翼的小鸟那样无助又无望。正如小鸟折断的翅膀不能被修复,我们认为这些标签属于我们,它们会永远贴在我们身上,彻底定义我们。我们想,我们不能超越这些标签。

当然,自欺不仅影响个人,也影响与个人有亲密或者社会关系的人。在这个意义上,我们体验我们与他人关系的方式也许能帮助我们区别自欺和真诚。从这个角度看,我们可以效仿萨特,把他们看作是拥有道德或伦理的一面。

与他人的关系和本真存在

第五章

在你苏醒之前，生命什么都不是，由你决定是否给予它意义。价值并非其他，而是你所选择的意义。那样，你会看到，创造人类共同体是有可能的。（萨特，1998：49）

第一节　与他人的关系

萨特在《存在与虚无》中宣称，冲突是我们与他人关系的特征，并在他的戏剧《禁闭》（*No Exit*）中戏剧性地声明，"他人即地狱"[①]（萨特，1976：47），这一直都是人们对与他人的真正的、本真的关系进行辩论的焦点。《存在与虚无》有一章名为"与他人的具体关系"，在这章中，萨特声称，从本体论上讲，"观看"会

---

① 这是萨特最著名的格言，意为：他人的目光影响我，左右我的选择，这令我痛苦，尤其是我在他人的影响下做出违背心意的选择的时候。当人的意志受到他人意志的干扰，两种意志就陷入一种水火不容的状态中。——译注

第五章 与他人的关系和本真存在

引起一系列的对象化，导致自由冲突的产生。萨特说："假设我正从锁眼里偷窥，突然意识到有人在看我。此时，我独处的舒适被破坏，在他人的观看下，我感到羞愧。在他人的凝视下，我觉得自己很丢脸、很愚蠢，我想要逃离这种审视（这个观看让我感到羞耻、显得我很愚蠢），于是我试图把他人变成对象。但是我不可能成功，因为他人，作为自由，不能变成对象。然而，我仍然试图把他人对象化，而其他人也试图把我对象化，为的是在我对象化的凝视下收回他的主体性。"这让萨特看到了人类关系中的原始冲突。萨特声称："冲突是必然的，因为我努力把自己改造成自己想要的、自己认为自己所是的样子，但是这样的努力涉及自欺（因为不诚实，所以是自欺）的尝试——想要把他人对象化，以此来贬低他人对我的揭示。"萨特早在《自我的超越性》中就宣称"我们的外在性归功于他人"，也就是说，我们主要是通过他人的中介和评估来了解自己。如果他人处在自欺中或者有一个否认自由、获得必然存在的基本谋划——萨特的本体论发现我们中的大部分人都有这样的谋划，那么他人对我的评价可能对我产生伤害，这种评价甚至可能是错误的，因为它试图限制或者否认我自由的主体性，把我固定为一个东西。

我们可以在人类的日常生活中看到自欺谋划在世界上是如何发展的。我们已经看到，对于萨特而言，他人想要成为自身存在（existence）的基础，想要占有存在（being），他们"从我这偷走自由"，威胁要把我变成对象。例如，我们可以很容易地看出次级自欺谋划是如何在种族关系中显现的。因为种族主义由社会和制度引发,根深蒂固,为时甚久,黑人的自由被白人"偷走"了,白人通过积极、狡诈的做法维持了一些政策,而这些政策维持着社会、经济和教育的不公正和不平等。在萨特看来,种族主义是社会的一种次级自欺结构,它是如此险恶,以至于个人有可能把社会中的种族主义态度慢慢接受下来,化为己有。如果一个人缺乏自我感,不把自由作为自己的基本价值观,那么,正如我们已经看到的,他的自我感在面对他人的时候永远是脆弱易碎的,这点尤为真实。大家可能想,除了萨特的谴责之外,是什么让种族主义的自欺态度如此之"坏"。重要的是,对于萨特而言,问题不是说我们是"邪恶"或者"本性堕落"。他显然不是说我们本性"坏"或者"邪恶",原因很简单,他否认在这个意义上存在"人类本性"这样的东西。萨特对自由的承诺导致他拒绝任何形式的本质主义和还原论——比如,我们本质上便是如此,所以有一个"基本的人类本质",或者我们的人类境况沦落到倾向于举止不端或倾向于受到诱惑去做坏事。萨特并不是说(尤其是,我们会在下一章看到)因为自欺违反了某种绝对的或者客观的道德原则,所以是"坏"的。看起来,真正的问题是,人是否愿意自由又不加批判地生活,也就是说,人是否愿意变得本真。因此,在萨特的理论中,恰恰是因为种族主义者否认自由并且不加批判地生活,所以他们的态度可以说是"坏"的。种族主义者把他人视为天生"愚蠢""懒惰"或者"有罪"。这些标签从一开始就限制他人的人性,严重阻碍他人有所作为的进

第五章 与他人的关系和本真存在

程；如果一个人的自我感已经被他人决定，那么他怎样才能真正有所作为或者用萨特的话说，体验自由呢？种族主义者否认了我们人性中最重要、最真实的东西——我们都是世上的谋划，面向某种未来。种族主义者把不变的特征、品质、特性加诸他人，否认了我们都是酝酿中的谋划，我们缺少与自身的绝对统一：他人跟桌子不一样，桌子非圆即方，但是他人不是愚蠢的，也不是懒惰的。尽管如此，我们还是假设有人在这方面逼迫萨特，并声称一个人可以"自由"选择种族主义这一自欺谋划，以限制他心目中的劣等人的自由。我们会在下一章看到，萨特对于自由的承诺阻止他援引先前的道德律、原则、命令或指令，而这些本可以作为禁令来反对否认他人自由的做法。但是萨特确实呼吁，一个人如果选择维持一个促进而不是否定他人自由的谋划，那么他可能因此而变得本真。关键在于，如果我们是本真的，那么通往种族主义的道路就是关闭的，因为本真性承认他人与我们在世界上平等存在。

在《反犹分子》（*Anti-Semite and Jew*，1946）中，萨特把反犹分子描述成处在深深的自我欺骗中的人。萨特把反犹太主义描述为自欺，希望向我们彰显，反犹分子面对自己和他人的自由都进行自我欺骗，他通过反犹分子的恐惧和焦虑表明，我们需要把他人看作是天生邪恶、没有人性的，这样可以让我们感觉到自己有人性。我认为他人没有人性，认为自己拥有合乎情理的人性，我一直在安全的距离内怀疑自己、我与他人的关系还有我与世界的关系；我保持不加批判的态度、保持自我封闭。如果我们回忆之前布什政府决定进攻伊拉克的自欺的例子，就很容易看到为什么对于布什政府而言，重要的是在美国民众面前把伊拉克人妖魔化为"恐怖分子"，把伊拉克妖魔化为窝藏恐怖分子的"失败国家"。布什政府发布的煽动声明使用了标语的二元性修辞，比如"好与坏""我们与他们"，他在国情咨文中写道："你要么支持我们，要么反对我们。"

　　在原始的自欺谋划中，一个人不把自己看作是芸芸众生之一分子，也不把自己看作是把意义和价值观带到这个世界的源头。这种谋划的持续存在自然使次级谋划也成为自欺谋划。我们已经看到种族主义只是次级自欺谋划的一个例子。性别歧视和阶级歧视是在世界上存在的两种方式，这两种方式都试图在自欺中贬低他人人性。重要的是，在限制别人自由的过程中，人显示了他们对待自己、他人和世界的基本态度。因此，在种族歧视的所有形式中，有一种自由谋划，旨在限制女人的人性；在阶级歧视的所有形式中，有一种自由谋划，旨在限制下层阶级和贫困劳工的人性。因为我们把自己的外在性归因于他人的观看，萨特写道："我们应当承认，我们碰到了一种对我们的自由实实在在的限制——也就是说，一种强加于我们的存在方式，不以我们的自由为基础。"（萨特，1956：524）。萨特的意思是，自欺之人武断决定用多种因素决定他们的嘲笑对象，以至于犹太人、女人和贫困劳工不能逃离这种武断决定，因为这些人不能避免人们看待他们并把他们对象化的方式。然而，尽管如此，他们必须用某种方式来回应他们的处境。

　　但是，如果他人处在"真诚"中，把自由作为一个基本的价值观，那么合作不仅是可能的，而且人们会积极寻求合作。确实，萨特早在《自我的超越性》中就承认，我们通过他所谓的"纯粹反思"而意欲"皈依"本真性，这要求抛弃成为必然存在的欲求和追求某些价值观，这些价值观确认并证实我自己和他人的自由。但值得注意的是，这种合作不是事先给予的。在这里，萨特不赞同海德格尔的观点，因为海德格尔认为人与人之间的合作从本体论上来说是基础的，因此一定存在于在他所谓的"共在"形式中。相反，萨特认为，我们所面对的基本的本体论事实主体不是"我们"，是"你和我"。萨特想要强调，是我们通过我们个人和集体的努力，通过我们的选择和行动，创造了合作或者冲突的条件。确实，这就是为什么自欺不仅仅只是一种理论态度，而是一种相信并实际上体验自由的一种谋划，甚至自称沉思冥想的人也在世界上做着一些事情。如果我们无法提前确保合作，却必须创造条件让合作成为可能，那么在萨特的理论中，我们该怎么做呢？

第二节 接受自由作为价值观的源泉

在《存在与虚无》的最后，萨特问了一系列发人深省的问题，他说这些问题会被用于将来伦理学方面的著作：

从萨特出发

> 如果自由背弃这种（超越的）价值观，自由会变成什么？不管它做什么，甚至在它背弃自在——自为时，它会把价值一起带走吗？或者，由于自由在与自身的关系中将自己理解为自由，它就能中止价值的统治吗？尤其是，它可能把自身当作所有价值的泉源的价值吗，还是它应该必然与一种纠缠着它的超越的价值相关并因此被定义？如果自由能希望自己本身是自己可能决定的价值，那这意味着什么呢？（萨特，1957：627）

萨特在《伦理学笔记》中回答了以上这些还有其他相关问题。《伦理学笔记》编纂收集了萨特在1947—1948年写的笔记，是关于现象学本体论的道德意义。值得一提的是，萨特讨论了放弃成为上帝的欲求（或者必然的存在）的原始谋划的可能性，暗示如果放弃这种谋划，我们就会放弃这些在生活中操纵我们的次级自欺谋划。放弃这种原始谋划及其次级谋划，就等于萨特所说的"皈依"本真性。皈依本真性对于萨特式伦理的形成至关重要，并且他在《伦理学笔记》中的一个主要目标就是展示皈依本真性的想法与成为必然的谋划或者已经"建立"的谋划是相对立的。萨特声称我们的皈依被一种新的欲求推动，这种新的欲求是宣布放弃同一性和划归已有（这种欲求构成否定自由的基础）的谋划，这个谋划显示自身（itself）不仅是自我矛盾的（一个谎言）而且是人们自由选择的结果。我们的皈依被一种新的反思推动，就是萨特提及的"纯粹反思"，这种反思揭露了我们的自由。在《伦理学笔记》中，萨特提及我们可以

第五章 与他人的关系和本真存在

自由地"揭示"我们谋划的真相:"有意义的谋划是在具体的处境中行动,并在某些方面修改这个谋划,因为必须做的事情就得做……本真性在于拒绝追寻存在,因为我一直都是无。"(萨特,1992:475)。拒绝占有我的存在(让自己成为必然)对于萨特而言,就是被一种新的反思所推动,揭示我自己一直怀疑我与他人和世界有关的存在的意义。因此,通过这种新的反思,"我的存在"对自身而言是一个问题,它不需要自我证明。他说,这种"揭示行为"创造了一种"存在主义眩晕",这种眩晕的出现是在"谋划在其绝对的无端中向反思显现。因此,人类的谋划被理解为其核心是无端的,被反思性重复所尊崇,这种谋划把它变成本真的存在。"(萨特,1992:481)。认为我们的存在是一种自由,就是承认在面对危险而又不确定的世界时我们的无端和脆弱。在我们谋划的核心承担无端,对于萨特而言,就是真正致力于一项冒险,把自己的偶然性转变为一种激情(萨特,1992:482):"我们得到一种会揭示本真存在的直觉:一个绝对的偶然性只有通过承认自身才能让自身证明自身合理,只有在自身之中才能承认自身……只有冒着失去自身的风险才能证明自身合理。"(萨特,1992:482)。在萨特看来,我们是"绝对的偶然性",必须通过承认自身是缺乏合理证明的,才能证明自身合理。经过反思,承认我们自身是无缘无故的自由,我们就能构成一种皈依,萨特说这种皈依"揭示"并宣布放弃约束我们存在的谋划,与此同时他又写道:"它实现了一种存在者特有的统一,这种统一怀疑一切,又与自身达成契约协议,所以是一种伦理学上的统一。"（萨特，1992：479）。此外，皈依作为我宣布放弃"划归已有的种类"的手段，引进了一种新的我与自身和他人的关系，一种休戚与共的关系；我放弃了占有自我或者他人的欲求，我意欲在我自己身上产生一种休戚与共的新关系，或者"共在"，这种关系会寻求与他人的新关系，因为我想要促进而不是限制他们的自由。

注意我们揭露和揭示自己和他人的方式。世界通过否定的进程发展，这在第四章已经介绍过了。本真存在（existence）必然需要我承认自己的缺失，以便让存在（being）发生。我们的意识活动是自由的，虚无化活动通过把自身变为一种缺乏，揭示、揭露了存在：

> 因此，自由成立了：世界通过自由存在；如果它虚无化自身，存在就可能变成虚无。自由的每种可能（技术上的、艺术上的等）同时就是对存在的揭示，彰显着存在。因为自为不是在消极的沉思中而是通过行动的多个方面，让存在的东西显现。（萨特，1992：484）

在这里，萨特强调我们的意识活动是揭示其所不是的谋划，强调人类的实在是为了揭示存在（being）而存在（exist），这种存在（being）给予世界意义或者在世界上开创意义（萨特从胡塞尔处借用的意向性学说）。与否定的过程也相关的是萨特认为本真存在的其中一个条件是"让自身成为缺乏，以便存在能够发生"（萨特，

第五章 与他人的关系和本真存在

1992：448—489；514—515）。德·波伏瓦深深影响了萨特，他比萨特更加清楚地解释了他的关于"让自己成为缺乏"的问题：

> 萨特告诉我们，人让自己成为缺乏的存在，以便让存在发生。"以便"这个词清楚地表明了一种意向性。人对存在的抵消不是徒劳的。幸亏萨特，存在被揭露了，而他也渴望这种揭露。确实有一种对存在的初始依恋，但是这种依恋不是"想要成为"而是"想要揭露存在"的关系。现在，这里没有失败，只有成功。通过把自己从世界上连根拔起，人让自己展现在世界面前，让世界展现在他的面前……人想成为上帝的努力是徒劳的，所以他让自己作为人存在……人的存在（exist）不可能不倾向于这种自己无法达到的存在（being）。但是他可能想要这种焦虑，即使这种焦虑会让他失败。他的存在是一种缺乏的存在，但是他的缺乏有一种存在（being）的方式，那正是存在（existence）。（德·波伏瓦，1991：12—13）

在这里，德·波伏瓦抓住了我们存在（existence）的模糊性，另外，抓住了我们想要约束存在（being）并且永远存在（exist）、想要揭露存在（世界和他人）的模糊性。她说，让我们自身成为缺乏的存在（being）正是作为我们所是的自由而存在（exist）。德·波伏瓦写道："即便我们失去自我、答应永远不再重新获得自身，我们还是本真地作为我们所是的自由而存在，为了获得自身的真实性，人不可以试图消除自身存在的模糊性,相反,要去实现模糊性。人重新加入自身,只为了答应与自身保持疏离。"(德·波伏瓦,1991:113)。因此,世界因为我们的在场而变得有意义,此外,我们会在充满他人的、"他人是我所关心的"世界中本真地体验到这样一个有意义的世界。在这个意义上,萨特和德·波伏瓦都认为揭示或者揭露也是创造,这种创造的过程是令人快乐的。正如萨特所表述的:

> 因为自为不是在消极的沉思中而是通过行动的多个方面,让最存在的东西显现(圣-埃克苏佩里,Saint-Exupéry)。在这里,喜悦来自这种古怪的现实:在创造(掌控)飞机的过程中,人揭示了存在曾经所是又曾经不是一面(因为它曾经不因为任何人存在,所以处在绝对的冷漠之中)。(萨特,1992:485)

本真就是在"最深层次的创造结构"中理解自身(萨特,1992:514—515)。在本真中,我们揭示自身是"注定要创造"的(萨特,1992:515)。因此,本真存在承认,它在世界面前是慷慨的:它的"弹起是世界的创造"(萨特,1992:499)。我们已经看到非本真存在受到成为自身终极存在的谋划的引诱,它也维持着这种谋划。因为它没有在行动中意识到它永远不能彻底建立自身,虽然它不断努力这样做,但是常常带来悲伤甚至悲剧的结果:由于"意识作为

第五章 与他人的关系和本真存在

虚无不能产生存在"（萨特，1992：535），这个谋划总会失败。如果我们向这种诱惑妥协，那么我们就是在自欺中追求谋划。我们已经看到自欺的例子，注意到萨特在《存在与虚无》中对自欺的分析。然而，《存在与虚无》并没有描述本真所揭示的内容，而《伦理学笔记》则对此进行了补充，与对本真揭示相对的是对存在的自欺性的划归己有。我们已经看到通过反思揭示的谋划，我们也许能接受我们自己是无端的、困扰的自由。我们也许能接受我们自己的偶然性是假设的"无根据的基础"，并通过反思性揭示，皈依本真性。下面一部分，让我们来讨论一种特殊的反思，这种反思是新的，推动或者引诱我们产生一种新的意识——认为我们自己是自由的。

第三节 "非纯粹"反思和"纯粹"反思

我们已经注意到，萨特的本体论提出了一个难题，因为他的本体论证明人类实在的基本谋划或者欲求就是获得"神性"，或者成为必然存在，却仍然保持自由（这就是萨特所说的"自在—自为的不可能的结合"）。也就是说，人类实在是完全偶然的，它希望能获得必然，借此逃脱不得不塑造自我的重担。但是这个目标不可能实现，因为在萨特看来，人类实在的特征正是它永远不可能完整、必然拥有一种"本质"或人类本性却总是在它的朝向外在目标的谋划中处于正在孕育的状态。

我们也注意到,在《存在与虚无》的结尾,萨特提到我们可能选择一种不同存在于世的方式,"终止"获得神性的欲求的"统治":

> 尤其是,自由可以通过把自身当作结束而逃避一切处境吗?或者,相反,它仍然在处境中吗?或者,它越是作为受限制的自由把自己投入焦虑中、越是作为世界赖以形成的存在者接受它的责任,它就越是明确地、个别地处在处境中吗……只是由于自由被当作就其本身而言的自由,它就能终止价值的统治吗?(萨特,1957:627—628)

然而,在这个节点上,困难出现了。在《存在与虚无》中,萨特声称,人类必须把寻求神性作为他们的终极目标和价值观。他说,这个目标是我们的基本谋划的终极价值观。那么我们应该如何理解萨特在《存在与虚无》的结尾所问的问题呢?这些问题暗示我们能够脱离这种价值观的"统治",采取一种本真的态度。由于《存在与虚无》讨论的是本体论而不是伦理学,萨特说他会在将来的著作中讨论这些问题。我们知道,这部著作就是他死后出版的《伦理学笔记》。即便如此,萨特仍在《存在与虚无》中让我们关注价值的前反思意识和反思意识之间的重要区别(萨特,1956:94—95)。萨特告诉我们,我们的至高价值观就是获得神性,之后,他指出人们经常前反思地体验到这种价值观。也就是说,就像对待其他价值观

第五章 与他人的关系和本真存在

一样,我们把这种价值观视为"所予",因此这种价值观无可争辩;我们的自由引发了这些价值观,面对这样的事实,我们感到苦恼。为了免于苦恼,我们把这个价值观和其他价值观都视为"所予"。重要的是,这些前反思的价值观区别于反思领会的价值观。萨特说,比如,"在纯粹反思中,我仍然能够自由地把我的注意力放在这些前反思的价值观上,或者自由选择忽略他们"(萨特,1956:95)。《存在与虚无》没有提及更多这方面的内容,只是在最后几页,萨特简要提到需要一种特别的反思,也就是纯粹反思,他承诺在将来的著作中详细讨论伦理学。

但是从萨特在《存在与虚无》中提及的少量内容中,我们仍然能够"窥见"他所说的"纯粹反思"是什么意思,它与非纯粹反思是相反的。纯粹反思的工作就是怀疑,批判前反思体验到的价值观,"决定"或"意欲"不去重视获得必然存在(或者"神性")的不可能目标,我们一直在前反思的层面上寻求这个目标。这个前反思目标对我们总是有一个本体论上的价值,因为我们的不完整的、成问题的存在是受困扰的,虽然如此,我们不需要采用或者把它作为我们的目标。也就是说,一旦我们意识到主要的本体论价值观不是绝对强加于我们,而是来自于我们逃避的自由,那么我们也许能够"放弃"这种价值观,"终止它的统治"。在《存在与虚无》中,萨特区别了前反思寻求的价值观和反思选择的价值观;他没有在《存在与虚无》中讨论反思选择的价值观,因为他说,这"是皈依之前的一种本体论"(萨特,1992:4)。

萨特在《自我的超越性》中首先介绍了非纯粹反思和纯粹反思，我们经常忽视这点。我们注意到这部作品是由胡塞尔激发的。在作品中，萨特发人深省地说，纯粹反思也许能提供一种"伦理学的哲学基础"（萨特，1957：106）。由于纯粹反思是他引进的核心概念之一，用来展示他在《存在与虚无》中所做的本体论调查的道德含义，所以我们需要在《自我的超越性》中理解他对纯粹反思讨论的重要性。

第四节　作为"伦理学的基础"的纯粹反思

在《自我的超越性》中，萨特批判那些指责现象学是唯心论的人，他们指责"现象学把实在浸于观念流之中……相反，几个世纪以来，我们都没有在哲学中感受到如此现实的气氛。现象学家们把人重新置于世界之中"（萨特，1957：104—105）。在随笔《意向性》中，萨特对比了"消化的"哲学和胡塞尔的现象学。前者认为，体验的所有对象都是"意识的内容"；而后者认为意识活动是外在的，处在世界上其他事物之中。他说，比如，"我们不是在某个隐藏处发现我们自身，而是在路上，在城市中，在人群中，一个事物在其他事物中间，一个人在其他人中间"。当然，这是我们熟悉的一个概念，因为我们已经注意到，萨特支持胡塞尔的意向性学

第五章 与他人的关系和本真存在

说,这个学说暗示,萨特把重点放在我们的意识活动和世界之间的关系:我们总是指向我们自身之外的世界,因而给予了它意义。

《自我的超越性》和萨特的随笔《意向性》对于伦理学的意义是萨特拒绝任何通过把人禁锢在他们自己私人的体验或内部心理状态中而把人从世界上孤立或分离的哲学观点。在这里,萨特的观点不同于笛卡儿的观点,我们已经看到,笛卡儿认为通过合适的哲学方法我们也许能获得确定性,这种方法要求通过我们沉思自省和怀疑让自身与世界分离,更重要的是要求我们在自我反思中而不是在充满他人的世界中发现自己。萨特对现象学的承诺排除了可以怀疑外在世界的可能性,因为我们的体验证明我们首先是我们所生活世界的一部分。因而,任何不可知论者的怀疑,只要涉及体验的直接材料,都会被认为是缺乏依据的。而且,萨特支持胡塞尔的观点:我们的所有意识是对某物的意识,他的支持意味着我们整个作为人的实在与世界有关。因此,所有的内容都在对象这一边,我们的意识"中"什么都没有。正如我们已经看到的,我们的意识没有自我,在其行为的源头没有像"我"这样的实体;我的"我"通过世界上他人的中介被发现。我们的意识没有爱或者恨的状态,也没有特性(压抑或者开心)。我有状态,有行为,也有特性,只是一个处在世界上其他对象之中的一个对象,因为萨特认为,我们作为人的特殊之处是我们总能把自身视为对象,也就是说我们总能反思地问:在世界上他人中间做人意味着什么?萨特在《自我的超越性》中表明的最重要的一个观点是,"我"和世界之间的关系是互相依赖的关系。正是通过人与世界互相依赖的想法，萨特明白他的哲学建立了某种伦理学的基础：

> ……这种绝对意识在我和世界之间确立的相互依赖的关系足以让我面对世界显得"岌岌可危"，足以使我（间接地）通过状态的中介从世界那里获取其全部内容。不再需要更多的东西去建立一种道德和绝对实证政治的基础。（萨特，1957：106）

在《自我的超越性》中，萨特说有两种反思，非纯粹反思和纯粹反思："……不纯粹的、共谋的反思立即产生通向无限的过渡（在把自我构思成一种静态对象方面，人是一种静态对象）……另一种则是纯粹的、仅仅是描述的反思，这种反思赋予未被反思的意识以暂时性并解除其武装"（萨特，1957：64—65）。

此外，我们已经注意到，他说纯粹反思对于实在的、肯定的伦理学而言是必要的。那么，萨特究竟是如何将纯粹反思和不纯粹反思进行对比的？在不纯粹反思中，我们把自我构建为拥有像物一样的结构，为的是隐藏我们的意识活动是自发的因而是自由的这样的事实。因此，萨特提出，"也许自我的基本作用就是向意识掩盖其固有的自发性"（萨特，1957：9—11）。也就是说，构建自我也许给我们一种关于未来的实体感和充实感；它让我们感到安全、受保护，因为我们想我们不需要决定我们自身存在的意义。当我们把自我（ego）构建成为一个实体自我（self）时，我们因此说服自己我们能够逃离自己的自由和痛苦。

萨特再一次从胡塞尔处借用，他提到不纯粹反思是"自然"态度，这暗示不纯粹反思是我们意识活动的正常或通常情况。在胡塞尔的现象学调查中，胡塞尔通过"悬置"或"现象学还原"暂且搁置与外在世界的真实存在有关的问题，以确保采用了合适的现象学步骤，把"事情本身"考虑成他们直接面向我们的意识。因此，对于胡塞尔而言，"自然态度"仅仅是我们对外在世界的自然依附，但是他认为这种依附必须中止，这样人们才能直接领悟意识本身的结构以及他们意识到的对象。萨特用胡塞尔的话解释了我们在纯化反思和"悬置"之间的对比，在这样的对比中，我们的意识中止了对世界的自然依附，并从自然态度中脱离，然而没有质疑它仍然处在世界上、必须在世界上其他人中间行动的事实。德·波伏瓦在这又一次比萨特阐释得更加清楚，他们各自观点的重合非常鲜明：

> 存在主义者的皈依更应该与胡塞尔的还原相比较：让人把自己的意愿"放入括弧"，他会因此意识到自己的真正境况。现象学还原论中止对外在世界实在模式的所有肯定，阻止了教条主义错误，然而还原论没有质疑外在世界的血肉在场，所以存在主义者的皈依没有抑制我的本能、欲求、计划和激情。这种皈依只是通过拒绝被设立为我的超越性跃向的绝对真理，通

过考虑与映射他们与自由的联系，来阻止任何失败的可能。（德·波伏瓦，1991：14）

对于萨特和德·波伏瓦而言，我们在皈依之前对世界的"自然"依赖就是我们的意识活动把自身隐藏在自我背后的努力，他们坚持认为，这种努力不会成功，因为我们存在的"本性"就是意识到自我或者自我意识。换言之，我们总是前反思地意识到我们作为无意识的、自由的、有意向的存在的真正境况，这种存在的整个实在关乎世界上其他人和其他对象。在非纯粹反思中，当我们构建我们认为有决定性作用的自我时，我们尝试改变我们自身与世界的关系，假装我们在世界面前不再处于危险当中；我们企图锁住未来而不是把未来看作是暂时的。因此，非纯粹反思全神贯注于把自我（ego）或者自我（self）变成永恒、必然的堕落目标，向我们隐藏我们的自发性自由，向我们展示一个制作的自我而不是自由创造的自我。

另外，在纯粹反思中，我们意识到价值观是被我们自由创造的，而不是被我们找到或者发现的。我们不认为自己仅仅是社会、遗传、环境需求的产物。在纯粹反思中，我们认为自己是一直活跃的意向性行动者，将价值刻入这个世界。纯粹反思向我们揭露，我们没有持久的或者稳定的"我"，我们的存在涉及成为，而不仅仅是我们已经所是一个过程。在纯粹反思中，我意识到我的过去就在那（萨特说，就好像美人鱼的尾巴，一直在那儿），但是我认为它总是能接受新的意义和解释，不是它塑造了我现在所是。在这个意

第五章 与他人的关系和本真存在

义上,萨特认为我们不可以自由地"勾销往事",但是我们总是能自由地给予过去新的意义——重新解释它。同样地,我认为在纯粹反思中我的未来一直为我所塑造而并非机械地在我面前展开。萨特一直强调反思是行动的一种形式。他的强调警告我们,纯粹反思绝不可能是沉思性的,因为它是意愿的一种形式。

在《伦理学笔记》中,萨特描述本真存在有可能通过纯粹反思的方式存在。他说,我们是"被推动"或"被要求"去皈依到一种新的存在,在这种新的存在中,我们的谋划被怀疑,自由作为一种主要的价值观被采纳。他暗示,纯粹反思被要求来回应我们持续不断重获自身的努力——建立我们自身的同一性。在纯粹反思中,我现在意识到,我与任何可能定义我的东西分离:我不是忌妒,也不是生气,因为通过我暗中的自我意识——认为我总能放弃这些情绪,我与它们分离。纯粹反思激发了另外一种存在:"人的存在(existence)在自身的存在(being)中是成问题的,由于人的存在(being)是行动,这意味着他对存在(being)的选择同时在自身的存在(being)中是成问题的"(萨特,1992:473)。在这里,我们可以回想起萨特否定同一性原则,他声称,我们"这种存在(being)的存在(existence)是行动"。考虑到萨特的本体论,我们不能合乎情理地想象(人类)行动——如同飓风重新分配建筑物那样——用其他任何术语表达。

纯粹反思带来的修正对于萨特而言,是(1)"对自身而言一种成为自身的新的本真方式,超越了……自欺";(2)"对自由、无端、不合道理的主题式理解";(3)"人与自身谋划的一种新关系:他不仅在谋划内也在谋划外。"(萨特,1992:473)。在这里,我们可以看到皈依让我产生一种新的意识,我意识到我不仅处在世界上他人中间,而且我也是自由的;它促使我看到我有一个外在,也就是说我也许"支持他人"而不是反对他人。在这里,我们可以看到带来皈依的纯粹反思的恢复性努力肯定我们从未自我同一,因此,总是受到困扰。在本真性中,我们愿意维持我们这种不稳定且困扰的自由[①];我们没有试图让自我疏离这种境况——躲在自我(ego)后面或者认为自己是一个被角色、品质、状态、本质所定义而永恒不变的固定自我(self),我们正直诚实地面对我们真正的本体论境况。这就是为什么萨特在《伦理学笔记》中特别提及我们皈依本真性的意义是拒绝自我疏离。我们可以很容易地看到,这种皈依预示着远离自我疏离、朝向新的生活方式。皈依预示我已经宣布放弃我想要获得必然存在的前反思谋划,还有放弃与之相随的非纯粹反思,而非纯粹反思则意欲继续成为必然或者自我同一性的自欺谋划。

萨特在《伦理学笔记》中提到并探索他在《自我的超越性》中所做的洞见,这种洞见认为,我们也许能让纯粹反思成为某种伦理学的基础。萨特认为,人类大部分的痛苦和纷争来自于人与人之间主体—客体关系的冲突,因为,正如我们已经注意到,合作不是我

---

① 在此,萨特师承海德格尔,认为"人即自由"。——译注

们原始的本体论条件,也没有事先得到保证。他认为,这些人类冲突来自于我们想要向自身掩盖自由的欲求,为了相信实体自我——为了实现成为必然的不可能谋划,我们采用了另外一个欲求。他认为,纯粹反思也许能为某种伦理学提供基础,这样的话它就能作为一种负责任的自由促进遇见自我,在这种遇见中,自由被视为主要价值观。萨特进一步展示,通过对我本真的相信并真正体验我在世界上他人中的自由,我们采用自由作为一种价值观是如何被揭示的。也就是说,通过纯粹反思,我本真地意识到世界上他人的存在与我自己的存在是相等的。在萨特看来,一旦人们想要为自己采取一种本真的存在模式,那么就可能没有自己的存在优先与他人或者他人的存在优先自己这样的情况。在这里,本真态度同样地排除了把"利己主义"和"利他主义"作为面对他人的可能的道德态度。正是在这种意义上,德·波伏瓦评论到,存在主义拒绝"否认一种先验,这种先验就是不同的存在者能同时彼此绑定,他们个人的自由可以形成对所有人都有效的法则。"(德·波伏瓦,1991:18)。

赞成他人存有和反对他人存有

第六章

……我发现了我的内在存在，同时也发现了另外一个人，他就好像置于我面前的自由。因此，让我们立马宣布我们发现的世界，我们应该把这个世界叫作主体间性；在这个世界上，人决定他所是、其他人所是。（萨特，1998：38）

在《伦理学笔记》中，萨特努力深化由合作和慷慨建立的"我群关系"。他认为，我们为合作创造条件的一种方式就是"揭示"和揭露我们自己的自由是处在世界中的且是负责任的自由。在这个世界中，正如德·波伏瓦所表述的，"他人是我所关心的"。

萨特说，压迫是"当我自由的主体性是被视为无关紧要的时候，我的自由是一种附带现象，我的主动权居于次级地位，是次要的，这时我的行动由他人指挥，把他人作为行动的目的"（萨特，1992：366）。我向本真性皈依，承认他人是绝对的自由，选择揭示他人是自由。如果我让他人存在并承认他人的偶然性——即便我一直在超越他人的偶然性，那么我"充实了"世界和他人。我"给他人的存在以意义"，我看到他人的脆弱和弱点："在本真性中，我选

第六章 赞成他人存有和反对他人存有

择在他人所有的有限性中揭示他人"（萨特，1992：366）。但是我们也许会想，我究竟该怎么做呢？我们已经看到，通过"观看"，我首先把他人理解成"另一个一般的自由"（萨特，1991：366）。我们必须首先通过观看来理解他人："但是这种令人不安的、无差别的、断断续续的自由不是这个他人的自由；这是另一个一般自由的直觉。"（萨特，1992：366）。自由的结构暗示自由总是具体的，也就是说，它必须总是被理解为某种特殊的、旨在达到一定目标的事业。萨特指出："我们无法理解他人的自由，除非通过它的目标去了解。"（萨特，1992：366）。但是，我们也许能用不同的方式理解他人的目标："如果我仅仅在我通往自身目标的过程中超越它，那么它就成了物。"（萨特，1992：366）。然而，如果"我把他人的工作看成是绝对的要求，需要我的认可和赞同，那么我理解到他正处在让工作成为自由的过程中。"（萨特，1992：366）。当然，我也能够在理解他人工作的过程中表达我的反对和不赞同，这也是萨特不得不允许的。但是，在本真性中，我把他人理解为在世界内部：这是说，以一个绝对目标（主体性的绝对关系）为基础，我突然发现了全部的偶然性、绝对的脆弱、有限性，以及自己向自己提议这个目标的人的必然性。我用这个揭示了存在于世界里的人，他正通过他的自由，超越世界，并要求我也超越世界（萨特，1992：501）。

无条件接受他人，接受他所有的脆弱和弱点，对于萨特而言，就是揭示他的谋划，本真地爱他："在这里，我们能够理解爱在本真意义上意味着什么，如果我在承担自身的主体有限性和希望得到这种主体有限性的过程中创造了他人存在于世界里的偶然有限性，那么我会爱……通过我产生了他人的弱点……"（萨特，1992：501）。在这里，萨特说本真地揭示、揭露他人就是真正对他人的谋划感兴趣、真正将自身投入他人的谋划中，就是"按照他与他阐明的世界的关系"（萨特，1992：502）理解他人的谋划。通过揭示他人的特性，我也许能看到他正在阐释的世界："通过我，他人的特性显现，这些特性只能为我而存在，只能通过我的涌现而存在。比如，如果我存在，他人就变得风趣机智。他不能通过自己而变得风趣机智。风趣机智就是揭示世界特定的、新的、意想不到的、幽默的一面，颇有洞察力。"（萨特，1992：507）。如果萨特说他人是无知的，那么我用一种特别的方式揭示了他的无知："所以，在有限性和脆弱之外，我揭示了无知……但是这种无知首先是不被体验的，它通过我传达给别人。偶然性、有限性、脆弱、无知都是我在存在者身上揭示的存在方式。"（萨特，1992：505）。我也许会揭示他人的无知，这样的话无知就是他对失败的合理解释，也是他放弃尝试的理由。或者我会揭示他人的无知，我的揭示反倒给了他机会，让他可以寻求更大的挑战，努力成为比现在更出色的人。在第一个例子中，他人在自欺中被我揭示，因为我挫败了他的自由，阻碍了他进步的可能；他人的无知成为他的一个绝对障碍，这个障碍与其说是可以超越的，倒不如说是碍手碍脚的。萨特说"无知是跨人际关系的一种模式。它属于拒绝的类型，因为被他人判定为无知作为一个原因作用于我的自由。"（萨特，1992：294）。揭示他人

第六章 赞成他人存有和反对他人存有

的无知是拒绝，就是使他无效、不完整；这是对他施展暴力：

> 这样，我的自由没有得到任何解释，而重点却放在我所不是，我的内在有限性成了外部限制，转变成不完整。由于我拥有不完整的真理，这种真理在他人看来是完整的真理，所以我在他人看来是不完整的……因此，他人拥有我的一部分。他理解自己这样做，我认为他人了解我是不完整的，我理解他拥有了我的一部分，这部分允许我在世界上是有效的，允许我成为在场的完整，而不是过去的不完整。所以通过他人的存在，无知什么也不是，或者仅仅只是知道过程中一个抽象的停止，这种无知成了一种否定的力量，穿透我，把我具体化，让我依赖于他人。（萨特，1992：299）

如果这种"用拒绝来揭示"被他人利用，那么处境便堪忧。比如，孩子听到老师或者家长说"你又懒又笨，绝不会成功"，那么这个孩子就会体验到被他人揭示是一种拒绝，难以超越的拒绝，因为孩子会认为这种揭示是真的、确定的。但是在大体的情况下，以及没有压迫的地方，萨特把这个称为面对他人的拒绝而体验到不完整的"状态"：

> 可以被认为是含有附件条件的（比如，要上学的孩子），也可以被认为是一种为了成为世界上的有效因素而要超越的条

件。自由接受自己被当作过去的一部分,接受重复,以便获得跃向一个新的、新鲜的世界的时机,而且没有人能够偷走它的这个世界。(萨特,1992:299)

然而,他说,当无知被他人揭示以至于无知之人体验到他的无知是确定的而不是相互的时候,事情就会很不一样,"如同发生在压迫社会里"(萨特,1992:299)。萨特提供了一个"相互无知"的例子:"我不懂医药,但是医生不懂哲学。每个人都掌握着他人不完整的秘密。有些人认为我是对象,而我也认为这些人是对象。这样我就能摆脱自身的异化。"(萨特,1992:299)。但是他说,受压迫的人沦为奴隶劳工或者靠工资而生存的人,无法接受高等教育,会用以上提及的方法来实践他的无知。但因为他的无知是确定的,所以他会感受到生气或者不舒服,而真理必然是不完整的,在真理中,他人必然把真理构建成不完整、无效,用这样的事实把他囚禁于他唯一可以做的事情中:卑贱劳作(萨特,1992:505)。

同样,德·波伏瓦提醒萧伯纳时曾经说过,一个充满压迫的社会把擦鞋童归入擦鞋的角色,从中可以推论出,他只擅长擦鞋,别的什么都不行。

在这里我们应该指出,《伦理学笔记》说明萨特只在放弃人际关系层面建立伦理学:社会和政治压迫仍然明显存在,但是这些本身并不排除人与人之间产生本真关系的可能性。压迫和异化的社会条件让我们更难获得萨特认为有可能的本真人际关系。事实确乎

第六章 赞成他人存有和反对他人存有

如此。的确，这就是为什么萨特在《圣热内——喜剧作家受折磨的人》(Saint Genet: Actor and Martyr)中说，抽象分离的好与坏"表达了……人的异化。事实是在历史情境中我们无法获得这种抽象分离的好与坏。因此，一种伦理，如果没有明确公开表示不可能在今天形成，那么它就促成了人的欺骗和异化。道德对于我们而言是不可避免的，同时也是不可能的，伦理问题由此产生。"（萨特，1963：186）。甚至更加明确的是，他在《什么是文学》(What is Literature)中说：

> 当前的伦理学悖论在于此：如果我专注于把几个经过选择的人作为绝对目的，如我的妻子、儿子、友人、我在路上遇到的穷人，如果我一心履行我对他们的全部义务，那么我将在这番努力中穷尽一生，我势必将避而不谈时代的不公正现象、阶级斗争、殖民主义、反犹太主义，等等，结果是我利用压迫去行善。（萨特，1988：221—222）

在这里，萨特明显是在异化和压迫仍然在场的情况下，摸索伦理可能性的问题。一方面，由于压迫和异化的历史情况，他说他不能形成他曾经承诺的伦理学。但是另一方面，他想要展示，在不公正的世界中仍然可能存在伦理行为。所以，由品行端正的传统哲学家提出的伦理"系统"一直都只是理想的、不诚实的，因为他们没有意识到在不公正的世界中理想的伦理学不可能存在。理想的伦理系统和压迫社会之间的紧张状态和矛盾解释了为什么萨特坚持认为"通过皈依我获得自身,拒绝了抽象,得到了具体的东西——存在的最大化,我珍惜它,因为它让谋划成为具体特殊的存在,比任何仅仅是抽象的教条更加丰富。"(萨特,1992:507)。因此,他说:"本真的实干家追求的谋划绝不是'人性之善',而是这样那样的特殊环境。"(萨特,1992:507)。我们已经看到,萨特把对本真性的皈依描述为一种道德皈依,比如,他提及他设想了一种面向主体间性的绝对皈依,并说"这种皈依是道德的皈依"(萨特,1992:507)。但是我们要问,萨特如何才能真正连接道德和本真性呢?

第一节 本真性和道德

本真的意识行为维持着两个方面间的紧张状态,一方面是一直挣扎努力或者追求获得必然存在;另一方面是在存在中塑造自身的必然性。在这里,萨特指出,我们在自欺中倾向于其中一个极端。也就是说,我们倾向于成为我们自身存在的必然基础,这样的话,我们认为自己是被引起的,我们被决定了是谁,因此不能自由塑造自我,或者倾向于在自身的"超越性"中失去自我,没有完成谋划或者达标。本真意识活动在飞离自身的痛苦时,不会尝试瓦解为纯

第六章 赞成他人存有和反对他人存有

粹的存在,它不会在自身的超越性中失去自我,以至于未达成它既定的目标。皈依到本真性,表明我们决心接受我们在世界面前是处于危险中的事实,通过这样做,我们接受并重视自己是无端的自由。我们又一次感激德·波伏瓦在《模棱两可的伦理学》(*Ethics of Ambiguity*)中关于这点所做的贡献和澄清:

> 为了把不在场转变成在场,把我的飞翔转换成意愿,我必须承担我的谋划。这不是退隐到完全内在的问题,也不是退隐到抽象自发运动的问题,而是坚持具体特殊运动的问题,在这种运动中,自发性通过自身向最终目的跃进而定义自身。正是通过它设定的这个目的,我的自发性通过反省自身而肯定自身。(德·波伏瓦,1992:26)

本真意识活动批判这些冻结的价值,这些冻结的价值是在萨特所谓的"严肃精神中创造的,这种精神是它的自欺谋划的结果"(萨特,1992:480—560)。"严肃精神"经常带有贬义,类似于把自身(还有他们的社会角色)看得过分重要的人的自以为是的认真。它决心"把自身作为目的"(萨特,1991:560),并珍惜自身的自由。就是在这个意义上,萨特在《存在与虚无》中提到我们的意识活动的转变是向"道德平面"的转变(萨特,1956:628)。

我们已经看到,对于萨特而言,作为一种皈依本真性发生的方式,净化反思的角色有一个道德层面。这个道德层面暗示萨特想要展示人如何能改变他的个人价值观，从拒绝自由转变为接受自由。如果意识活动对自由的拒绝让他异化自我、远离自我所是，并因此促成某种暴力，那么该谋划的转变会涉及对自身自主的肯定，因此，拒绝寻找存在的反思谋划能成为什么？它只能成为有关彻底决定自主性的问题（萨特，1991：478）。萨特所说的"自主"当然不是意味着"自我封闭"，当然这种解释会扭曲他的整个谋划，因为，我们已经看到，我们创造性地在世界上承担谋划，萨特认为我们也许能创造一个能影响他人生活的世界——更好或者更差的世界。人一旦把自由作为价值观并承认人最终是不合情理的，萨特就会认为人能够逐一改变他不仅珍视自身而且珍视世界和他人的方式："自为可以为他人揭露，与他人一同揭露，造福于他人。"（萨特，1991：485）。

现在应该清楚，萨特想把本真性与一种道德态度联系起来。比如，他提及一种"道德反思"，这种反思承担了重要东西的道德存在（萨特，1991：5）。他告诉我们问题不是"在上帝或者社会的眼里成为好人"，而是"是否愿意为了道德而做好人（在人们没有考虑到的方面也是如此）"（萨特，1991：5）。最后，他写道："道德生活的唯一基础必须是直接的、未反思的自发性。"（萨特，1991：5）。重要的是，萨特所说的"基础"不同于"生物学事实是进化论的基础"中的基础，因为我们已经看到，在他看来不存在合理正当的概念。

萨特明确认为"道德反思"是"纯粹"反思，我们知道，纯粹

第六章 赞成他人存有和反对他人存有

反思指的是我们不停止自身的活动而理解自身。比如，作为一个老师，当我意识到自己是老师，那么我就在做纯粹反思：成为老师意味着什么——在21世纪成为一名教职人员意味着什么？或者一个在华尔街工作的债券交易员，会问自己，在21世纪当一名交易员意味着什么？他首先可能注意到的事情就是作为交易员，他赞同资本主义经济体系，当然也赞同这个体系所拥有的价值观。同样重要的是，当我开始意识到我作为"老师"的重要性时，我没有停止教学活动，也没有把我的教学活动变成反思的对象。对萨特而言，意向性活动本身一直保持着绝对重要的地位。我们不会沉思回顾我们正在做的事情的内容，而是会想我们在做这件事，重要的是我们总是在行为中实现我们的意向。在非本真性中，我们没有因为这些纯粹反思或者反思性自我意识的短暂"瞬间"分散自己的注意力。在本真性中，我们允许我们的"自我"暂时"苏醒"，这样的话就能揭示我们活动的意义。萨特坚持认为大部分人不加批判地生活着，因为他们不怀疑生活的意义和目的。由于我们的存在（existence）必然会涉及处在世界上他人中间的存在（being），纯粹的反思对于萨特而言是"道德的"，以至于它要求或者推动我们拥有一个外在——它向我们揭示了拥有一个为他人的自我的重要意义。

我们要注意，当萨特说"道德生活的基础"必须是"自发性""直接的""未反思的"的时候，他不是在讨论一种纯粹冲动的道德：

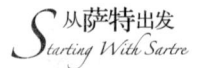

> 当谈到存在主义的时候,"因此人可以自由地任性选择"这么说是愚蠢的,原因有很多,但是特别的原因是人假定选择是瞬间的,而且经常更新。"任性"这个词说明了一切:人对于自己是机会。鉴于我们都掌控自己的命运。我们不仅不能在任性层面形成一种道德——用瞬时的善意行为代替它——而且如果任性存在的话,它本身是整个处境的标志,是整个谋划超越了这个处境的标志。(萨特,1992:47)

萨特声称,只有通过行动或者我们在世界上存在的方式,这个世界才能改变。对他而言重要的问题不是我们所是,而是现在我们是谁,我们怎样才能体验我们的自由;只有通过存在才能解决一些有关我们存在的最重要的道德问题。我们已经说过,萨特把纯粹的反思理解为获得皈依到本真性的方式,理解为有道德层面的意向。虽然他认为皈依是道德层面的东西,但是他坚持"在……历史变迁不在场的情况下,没有绝对的皈依……正如拒绝战争不会抑制战争的爆发,不论这场战争的结果怎样。"(萨特,1991:9)。在这里,因为有历史压迫的存在,所以现如今绝对的道德皈依不可能存在,但是他认为,个人皈依对于局部或者社会层面的道德生活仍然有意义。

对于萨特而言,自由暗示了本体论的责任和存在主义的责任:我们如何体验自己的自由?我们如何在反抗我们的世界中创造我们自己?我们如何在他人的自由中肯定他人?因为皈依本真性涉及拒

第六章 赞成他人存有和反对他人存有

绝超越价值观、接受自身作为价值的偶然源泉,所以萨特声称做到本真也就是做到负责:

> 本真之人的伟大……必然源于他的悲惨或偶然性。因为他是观点、是有限性、是偶然性、是无知,他让世界存在,也就是说他能同时承担对自身和宇宙的责任。宇宙大我或者本质……的显现只能从限制某些观点开始。宇宙或者始终超越我的有限性的可能。(萨特,1992:493—509)

在非本真性中,我肯定并且重视我的具体自由,这个自由同时暗示我肯定并且重视总体人类实在的具体自由。也就是说,因为我们生活在德·波伏瓦和萨特所说的"人满为患的世界"中,所以在非本真性中,我们影响他人的谋划,或者如萨特所说,我们在他们的弱点和有限性中"揭示"他们,以此来拓展我们自身。采纳他人的谋划作为我自己的一部分,帮助他表达他的自由,这种行为就是肯定人类实在,因为他人是人类存在的一部分。在这方面,有人采取了一种存在方式,这种方式与脆弱、无知和不确定的人类境况保持一致,且忠于这种人类境况。当然,他也可以选择非本真性。非本真性的选择是萨特确实允许的选择,因为他曾经宣称,从本体论上讲,我们是自由的。

在《伦理学笔记》中,萨特反复提议:"只要我认为他人不是自由的,或者,用康德的话说,认为他人仅仅只是我达到自身目的的方式，那么这等于我对他人和自身实施了暴力。"萨特认为这种非本真性的选择是自欺中的不诚实选择。在他的演讲《存在主义是一种人道主义》中，他声称，我们能以真理和谬误的基础判断他人是否本真，在这样的基础上，不诚实是一种错误的信仰。因为我们的选择总是涉及他人，所以以下判断是有可能的：

> 首先，一个人能做出判断（这也许不是对价值的判断，而是逻辑判断），认为某些特定的选择是基于错误，而其他的选择则是基于真理。如果我们把人的自由选择定义成没有借口、没有依靠的自由选择，那么每个以自己的激情为借口的人、每个设立决定论的人都是不诚实的人。（萨特，1990：44—45）

德·波伏瓦在《模棱两可的伦理学》中补充了她对"不诚实态度"的观点：

> 然而，即使是在世俗伦理学的支持者中，也有很多人指责存在主义没有为道德行为提供客观的内容。据说，这种哲学是主观的，甚至是一种唯我论。如果他曾经自我封闭，那么他如何走出来？但是在自我封闭中，我们也有很多不诚实的行为。众所周知，成为主体的事实是普遍的事实……存在主义肯定所有价值观的源泉在于人的自由，只发扬了康德、费希特（Fichte）和黑格尔的传统……世界不是一个事先给予的世界，

第六章 赞成他人存有和反对他人存有

不是人所固有的,对于人而言,如果没有世界,那么他必须迫使自身屈服。这样的观念定义了所有人道主义。只要人的意愿表达他真诚的实在,那么世界便可由人的意志驱使。(德·波伏瓦,1991:16—17)

萨特继续思考,如果有人问"如果我选择不诚实会怎么样?"他回答说:"你没有理由不选择不诚实,但是我是说,那就是你,严格一致的态度就是诚实……不诚实明显是一种错误的信仰,因为它与完整的参与自由不符"(萨特,1990:45)。此外,他说,我们甚至能对人的不诚实下一个道德判断:

……我能承担道德判断。当我宣布如果人一旦意识到,他在孤独中把价值观强加于自己,那么他便别无所求,只想要把自由当作所有价值观的基础,自由在各个具体环境中都只想要自身。这不意味着他想在抽象意义上拥有自由,而是仅仅意味着诚实之人其行为的终极意义是追求自由本身……在任何情况下,我都是因为自由本身所以想要自由。(萨特,1990:45—46)

但是萨特能提出什么样的道德判断来反对这些不诚实或者不一致的人呢?当然,在他的理论中,一个人可以选择不诚实或者不一致;人类没有绝对责任做到合情合理或者逻辑上保持一致,因为这些没有客观价值。也许萨特的观点是,想要把自由作为所有价值观的基础就是想要自由为我役使,把自由作为主要的、最高的价值观。也许有人会争论,尽管萨特不得不允许人们自由选择重视不合理和不一致,但是他提到把"一致"态度作为"逻辑上"或者"概念上"的标准或者要求。此外,这些以及他们的对立面都没有内在的客观有效性。萨特是否假设逻辑一致性和一致的态度拥有内在客观的价值?他是否允许像康德学派的"可普遍化原则"的进入?(这种观点认为我不会想要一个准则或者不会行动除非我同时能够让它成为每个人的普遍法则)但是萨特坚持认为选择成为理性的人本身"超越任何理性""优先于所有的逻辑"(萨特,1956:479,570),所以他不能说除了人们给予价值以外,理性和逻辑本身有价值。因为自由是所有意义和价值的绝对源泉,所以当萨特说"严格一致的态度"要求将自由选为主要价值观的时候,他肯定意有所指,不仅仅指的是在逻辑上或者是认识上的"一致"含义。

大西洋两岸的哲学家都努力为萨特辩护,把他的道德观点解释为康德学派的观点。虽然萨特深受康德影响这点毋庸置疑,他在《伦理学笔记》中也特别专注于讨论康德,但是假设他的观点与康德的观点相似,这就错了。有句高明的格言在这非常适用:最了解我的人往往是我的朋友,还有我一直与之斗争的敌人。萨特对康德观点持有明显敌意。这种敌意显示他不仅仅反对康德的观点,还向我们透露了萨特自身观点中一些非常重要的东西以及他坚决反对的东西。

伊曼努尔·康德的重要性

第七章

> 自由是存在,在自由中,存在先于本质。自由的涌现是直接的、具体的,与选择密不可分;换言之,自由的涌现与人本身密不可分。(萨特,1998:66)

我们已经在上一章指出,我们可以通过一个哲学家一直与之斗争的敌人来深入了解这个哲学家。这句话特别适合描述萨特与伟大的德国哲学家伊曼努尔·康德的关系。在萨特所有的作品中,特别是在《伦理学笔记》中,我们可以看到萨特明显抵制康德的道德哲学。比如,康德学说声称:道德行为在于服从抽象可知的准则,这个准则有效独立于处境,也就是说独立于历史、社会、政治的时间和空间。萨特坚定反对这种说法,因而在此值得一提:

> 要向谁提出道德要求?向抽象的世界?但是这个世界失去了它所有的意义,本身变得抽象化、形式化,因为具体的处境会改变。如果有人说"我们要平等地对待一切,"那么这样的要求失去了其所有意义,因为这个要求指的是永恒轮回。合作

第七章 伊曼努尔·康德的重要性

> 或者对抗的问题：存在一种具体的道德选择。康德哲学没有在这方面进行教导。（萨特，1992：7）

由于人们一直普遍认为萨特至少引用了康德道德哲学中的一些元素，所以这样的反对乍一看让人觉得莫名其妙。的确，萨特确实曾经从康德那里借用了主要的观点甚至完全引用康德的话。这个事实强化了人们的看法。但是后来，考虑到自己的需求，萨特彻底修改了这些借用或者引用的观念。但是如果我们认为萨特的道德观点是"康德学派的"，那就大错特错了。把萨特对康德的持续关注（有人也许会说"痴迷"）看作表明他不想走一条与最有前景的道德领域有关的道路，这似乎更加合理。介绍萨特因此是从介绍他的强硬对手康德开始，特别是介绍一些关于我们如何道德地生活的问题开始。

《伦理学笔记》中有另外一段发人深省的话，这段话暗示萨特不赞同康德的方法，他宣称："……即使可能存在的、普遍的东西是行为的一个必然结构，但当我们存在的最深层次目的处在争议中的时候，我们必须回到有限级数的'人'的个人戏剧中去。回到有限的历史可能根源。回到这个社会。伦理学是一种个人的、主观的、历史的事业。"（萨特，1992：7）。在这里，萨特似乎暗示，任何道德理论，如果忽视或者否认特殊的本体论状态或者人的境况，那么它必然是自我谴责的，除非道德不是严格的人类事件。我们已经看到萨特在《存在与虚无》中的现象学调查研究已经显示我们与他人在具体的处境中自由存在，我的意识首先不是反思理性的或者概念的，而是前反思地作为一种意向性意识，指导自身不是向内而是向外进入充满可能性的世界中。

我们持续回顾了康德的道德哲学，虽然这超出了我们的研究范围，但是我们会考虑把康德最重要的道德观点作为必要的背景知识来呈现。然后，我们会更加详细地描述与萨特相对的康德观点，试着阐明萨特对康德道德哲学的一些批判，特别是他在《伦理学笔记》中对康德的批判。在最后的部分，我们会探索萨特评论者之间长期存在的辩论，这个辩论是关于我们是否能认为萨特接受康德学派的可普遍化原则。我们已经在上一章简要介绍了这个原则。各方面都认为这对于萨特观点的评价至关重要。

第一节 康德与萨特之间的观点对照：初始看法

首要关注的是，对于康德而言，道德原则以理性为基础，因此受到理性的绝对指挥。因为他们单单以理性为基础，所以他们被理解为是客观有效的。根据康德的理论，道德的本质是它的原则只通过理性就可以变得合法，一个人只有不仅根据义务行事，而且是出于责任行事并且尊重道德法则，这种情况下他的道德价值才能被决定。违反道德法则或者没有遵循道德法则就是违反理性本身，这

第七章 伊曼努尔·康德的重要性

会导致不理性。康德坚持认为,唯有理性才能让我们产生善的意志,这种意志是无条件的善:"……尽管如此理性仍然作为实践的能力,也就是,作为一种影响意志的能力被分配给我们,所以,理性的真正使命是产生一个就自身而言就是善的意志,而不是作为其他目的的手段。"(康德,1964:61—64),康德也坚持认为我们是立法者——通过理性,我们能够给予自身道德法则:"一个人提出,与他的意志相符的法律应该对他人也有约束力,那么他就是颁布了一项法律,是一个立法者"(康德,1964:50—51)。

萨特用他的现象学本体论,通过多种方法发现康德的观点令人困扰。然而,在介绍萨特的批评之前,我们首先需要看一看德·波伏瓦对康德的批判,这一批判显示她与康德更大的分歧。她指出,虽然康德道德"是所有自律道德的源头,但是康德很难解释恶的意志"(德·波伏瓦,1991:33)。德·波伏瓦说,康德认为恶的意志会成为一种非理性的意志:

> 在可知世界中,主体通过纯粹理性的意志获得自己的性格,但是我们不能理解纯粹理性的意志是如何明确拒绝自己给予自己的法则。这是因为康德哲学把人定义为一种纯粹的积极性,因此,认为在人的身上没有其他可能性,只能与自身相符……与康德不一样,我们不把人看成是本质上积极的意志。相反,人首先被定义为否定。他首先与自身疏离。只有同意永不加入自身,他才能与自身相符……正是因为恶的意志在这里是可能

的,所以"意欲自身自由"这个词有了意义。(德·波伏瓦,1991:33)

确实,正如陀思妥耶夫斯基的《底下人》(*Underground Man*)向我们展示的,选择了非道德但依旧非常理性的情况总是可能的。对于萨特而言,恶的意志和理性意志是可以相容的:"人是好和恶的来源,他用自身创造的好和坏的名义来评判自身。因此,先验的东西既不好也不坏"(萨特,1992:17)。在他的《存在主义》"讲演"中,萨特说道:"无处写着善存在,无处写着我们不能撒谎,因为事实是我们在一架只有人的飞机上。"与康德相反,萨特和德·波伏瓦坚持来自道德权威的自由,道德权威可以是来自任何公认的上帝、理性或者其他绝对标准——我们通过这些绝对的标准判断我们的行动。两位哲学家都争论到,人总是可以自由拒绝任何置于他面前的标准,这就是为什么在他们看来,自由本身真正是一种价值。如果一个人的道德行为原则的理性被认为是终极权威性标准理由,那么他总是可以自由拒绝理性。如果上帝被假定为价值的终极源泉,那么人总是可以自由接受无神论或者选择对上帝不敬。

当然,康德也认为,人不会被迫根据绝对律令[①]去做事。诚然,他允许我们始终能够违反绝对律令,但是他认为我们不是"自

[①] 德国哲学家康德用以表达普遍道德规律和最高行为原则的术语。康德的"绝对律令"在于强调意志自律和道德原则的普遍有效性,它体现了康德伦理学的实质。——译注

第七章　伊曼努尔·康德的重要性

由地"这么做。在这里，萨特和康德之间的不同并不明显：萨特认为，人仅仅可以自由拒绝给予自己"法则"；萨特说："我痛苦地意识到我不单单传授法律，我制定法律。"萨特争论道："在给予了自身'法律'之后，人也许能限制、约束自身的可能性，但是如果（康德意义上的）判断保留了一个位置……然后调整的、规范的目的作为律令介入。也就是说，人能够不看自己与处境的具体联系，以便把处境仅仅作为一种禁止、一种限制或一个内在的拒绝来理解。"（萨特，1992：162）。在这里，萨特指出道德的特性是特殊的、处境中的、个人的、主观的，反对康德对客观、纯粹、必然和绝对的强调。

正如我们已经看到，对于康德而言，意志据说是"无条件的善"，因为它做出正确理性的选择，与理性所要求的相符。用这种方式提到"意志"对于萨特而言是非常陌生的，它涉及一种伪心理学——正如他的人类特有的现象学本体论已经表明——在这种心理学中，人们把自由误解为某物的性质。对于萨特而言，若他接受"善的意志"这个术语，那么"意志"不是做正确理性选择的意志，而是一个把自身视为总是在做决定的自为存在。相反地，"坏的意志"不是做不理性选择的自为存在，而是不把自身视为可以自由地选择。

第二节 义务、要求和责任

在《战争日记》(*The War Diaries*)中,萨特告诉我们,他从未对义务道德感兴趣:"……不论人家怎么说绝对律令表达了我的意志自律,我一个字都不信。我总是想让我的自由高于道德,而不是低于道德。"在另外一段话中,萨特恼怒地宣称,"……基于义务的道德:所有躲在那可耻公式下的东西,它们带着康德的特点:我只有履行义务的权力……最后,我不能看到任何东西,只能看到一个基于本性真的道德准则逃离自满的谴责。"(萨特,1984:94)。此外,在《伦理学笔记》中萨特仍然对"义务道德"不屑一顾:"这种异化的自由让自身没有人情味,否定自身所有东西,以便实现一个抽象的、绝对的意志,这种意志通过他人——它没有人情味的承担者——揭示给它,这种异化的自由就是义务,是一种我们每个人都可以向他人索取的绝对责任……"(萨特,1992:267)。又一次:"对康德而言,这正是它所是。我把他人的自由看作是一种目的,甚至是与他人相反的目的。这意味着我拒绝承认他的自由是他本人。"(萨特,1992:269)。对萨特而言,由于义务道德涉及不可避免异化的自由,所以他说义务道德是"通往理论道德形而上学状态的道路"(萨特,1992:268),是"人对人类的牺牲"(萨特,1992:272)。在人类中,义务道德保持着抽象、不具体、在处境中的特征。萨特不相信康德理解的绝对律令或者义务道德真诚地表达了意志的自律,因为对于康德而言人类自由受到责任的限

第七章 伊曼努尔·康德的重要性

制,因此成了被他人提前定义的自我选择,而不是世界反映、表达自我在世界上的特殊铭刻的选择:"对于康德而言支撑着绝对律令的自由是本体的,因此自由是另外一个人的自由"(萨特,1992:139)。

萨特对道德上"要求"的概念的批判贯穿《伦理学笔记》,因为康德把要求理解为绝对的命令或者责任。萨特说:"要求隐藏了一种诡计——我只有通过实现(达成,执行)这个要求才能自由"(萨特,1992:257)。要求和责任对于他而言不仅是欺骗的机制,而且他们最终会异化,变得令人难以忍受:

> 人们对受到欺骗的人会说:"你只是尽了你的义务。"这些受到欺骗的人想要在他们的行动(慷慨)结果中承认自身,但是人们告诉他们,他们只是履行了他们的义务。出于义务而有所行为的人没有在工作中承认自身。他想要通过自我行动、发明属于自己的方法来找到他的自由行动,但是由于他被另外的选择异化,所以他一直承认别人,却没有承认自己。(萨特,1992:256)

萨特指出,康德的立场的模糊性在于"为了成为纯粹的自由,我履行了我的义务。在纯粹的自由中,我依从了道德的绝对性,肯定人类范畴是绝对的——终点在于它的物质性,这种物质性能产生价值,"我作为实现这种价值的必要工具参与了这种价值"(萨特,

1992：257）。他指出，这种"神秘化"有一种优势，让我的自由"不受焦虑的影响"，保持一种顺从的态度。萨特说，义务"……通过自由（这种自由承担自身，决定我的目的）后面的那种自由卸下焦虑。我的自由不再是构成的、有创造性的，而是实现性的。它不再承担带来道德世界的任务，它的任务只是维持着这个世界"。这种模糊性揭示"这种自由像是物体一样"因为"自由有时候作为我的谋划的先验结构而给予我，有时候我感觉自身是因为自由而被给予，因为我自身是别人的构成自由。"（萨特，1992：257）。萨特指出在康德的理性道德选择理论中"责任的感知不同于它的存在……它只是我倒过来想到的一面，康德表达……"（萨特，1992：253）。但是由于责任一直在我之外，它对我冷漠相待；面对康德的概念，我是无关紧要的：

> 但是责任造成了这种暂时性，解释它是无关紧要的。我的暂时性如同我所有的结构，被后面在场的责任解释为无关紧要。这实际上是谋划和它的目的之间一种直接的、非暂时的（永恒的）关系。因此，这种关系贯穿我的所有谋划，超越这些无关紧要、次级的谋划。在我身后，我拥有这种要求；在我面前，在我的谋划的地平线上，目的连接着这种责任。（萨特，1992：253）

对于萨特而言，这种责任"不是从头开始，而是从后面开始……

因为,事实上它不是要实现的目的(这个目的总是与我对立)而是我决定要实现这种目的一种声明……(它)类似于超越性的一扇后门,也就是说,它在我的自由的源泉背后……然而,它却不同于这种自由,因为,作为责任,它处在存在的维度中。"(萨特,1992:253)。"产生于要求、责任或义务的基础"的自由却不是无端的自由,因此,不需要创造自己的目标。但是对于萨特而言,自由的意义是创造目标,因此能够设想一个不同的世界。虽然萨特赞同康德,认为道德的根本是负责的、自由选择的行为,但是他声称,如果"被选择"的价值是按照义务、责任和要求事先给定的,那么提及自由、负责任的选择就没有什么意义。

第三节　萨特接受康德的可普遍化原则吗

鉴于萨特在《伦理学笔记》中反对康德的道德理论,再问一次这个问题似乎特别合适:我们是否可以认为萨特非常正式地、直白地援引或者支持康德的可普遍化原则(allgemeinheit)。

关于萨特是否接受康德的可普遍化原则的问题在近年来受到广泛关注。道德可普遍化的观念常常与康德的道德哲学联系在一起。当代的道德理论家也一直维护这种观念。最引人注目的有R.M.黑尔(R.M. Hare)在《自由与理性》(*Freedom and Reason*)和《亚里士多德学会会刊》(*Proceedings of the Aristotelian Society*)上发表的《可普遍性》中对这种观念的维护。虽然我们可以辨别"普遍化"这个术语的独特意义,但是我们更关心康德在他的绝对律令公式中所给的意义:

> 因为我从意志中剥夺了一切可能从遵循某一个法则而产生的诱因,所以剩下来的就只有一般行为的普遍合法则性了。唯有这种合法则性应该充当意志的原则,也就是说,我不应当有其他行为,除非我也能够希望我的准则应当成为一个普遍的法则。(康德,1964:69—70)

一些评论家声称,萨特矛盾地"背叛了"可普遍化原则,因此,破坏了他在《存在与虚无》中呈现的现象学本体论。其他哲学家,尤其是阿利斯泰尔·麦森泰洛(Alisdair MacIntyre)和吉尔伯特·哈曼(Gilbert Harman)争论到,萨特否认可普遍化原则,只倡导关于个人的道德原则的"个人一致性"要求。还有其他人更加慷慨的、普遍地认为萨特是始终如一地接受可普遍化原则。这些哲学家通常认为,萨特对康德原则的承诺允许他为处于他的伦理学核心的道德选择打好基础、为道德选择辩护。他们声称,可普遍化原则是必需的,这样,萨特才能区分特殊的选择行为和任意或任性的选择。值得注意的是,萨特本人也提到了这个观点,指出仅仅因为人们没有引用诸如康德原则那样的先验原则,不说明选择就是任意的。他指

第七章 伊曼努尔·康德的重要性

出,我们都被迫"选择一种态度,如果我以任何方式承担选择的责任,并且这个选择涉及我自身,也涉及所有人类,那么即使没有先验价值决定我的选择,这种选择也与任性无关。"(萨特,1998:41)。诚然,萨特的表述本身并不构成一个论点,但是我想说,他确实提供了可辩解的理由,解释了他为什么认为他能够避免任性或者随机的指控。

除了这些认为萨特是要么"背叛"、拒绝可普遍化原则,要么接受可普遍化原则的人以外,还有一些人不能判定萨特的观点究竟是什么。

最近,萨特《伦理学笔记》的译者大卫·派洛尔(David Pellauer)评论说:"然而'人'……从我所是的特别存在的个人滑向总体人类……批评者们把这个看作是萨特伦理学评论中一种不被承认的康德式元素,这种元素很难在《存在与虚无》的基础上得到解释"(萨特,1992:xii)。一篇关于萨特备受欢迎的存在主义"演讲"的文章是主要的源头,文章断言萨特支持普遍化,特里·基夫(Terry Keefe)指出,虽然可普遍化在萨特的伦理学中扮演着重要的角色,但是这种角色的状态或本质一直备受质疑。他说,看起来如此富有争议的东西是伦理学的可普遍化是否是作为萨特存在主义基础的一种逻辑结果而出现的一个概念。它暗示,相反,在"存在主义是一种人道主义"的文本中,可普遍化被视为一种权宜之计,一种没有根据的、几乎是任意的尝试,试图避免一些因为萨特强调个人自由而带来的明显的令人讨厌的道德后果,是

与《存在与虚无》所表达的观点产生矛盾的权宜之计。(基夫,1988:84—85)

我想,关于可普遍化在萨特的思想中所扮演角色的辩论暗示人们对他的道德行动观点的误解。参与讨论的人的错误之处在于,他们致力于接受某些道德行动的特定假设,而这些假设萨特本人是不接受的。如果我们认真看待萨特早期在《自我的超越性》中呈现的人类意识理论,还有他在《伦理学笔记》中呈现的现象学本体论的道德暗示,那么我们就不会得出这些假设。这些可以被怀疑的假设是:萨特提及普遍原则或者准则;萨特允许本体的主体存在,这个主体也许因此能够发现普遍道德原则。似乎总是错误地认为萨特将康德原则拉扯了进来——不管是一致或者不一致。萨特声称,自我是"超越的"(要注意,不是超验的),他的声称不仅在概念上很充分,而且能够解释、维护他更有力的声称——当我们做选择时,我们是为所有的人类做选择。

诚然,萨特的著作中有一些篇章强有力地暗示他支持康德的原则。但是当萨特说我们在每个行为中不仅为自己负责而且也为所有人负责的时候,他是在说一种通常的解释,这与康德在绝对律令中所做的表述很不一样。

第七章　伊曼努尔·康德的重要性

第四节　第一个错误假设

　　辩论所依据的第一个错误假设是在各种经常被引用的文章中，萨特声称道德和不道德行为涉及普遍原则、规则或者准则。如果萨特谈论的是普遍"原则"或者"准则"，那么我们可以断定他在引用普遍性。

　　注意普遍性和我们选择行为的终极特殊性与这些行为涉及的一般性的区别，这很关键。虽然萨特拒绝康德的观点——存在普遍道德选择的准则，但是他没有如同某些批评家所指责的那样，声称我们没有一般化我们的道德和非道德选择。确实，如果萨特真的只把重点放在我们道德选择的终极特殊性上，那么批评家的反对是对的，他们认为他的道德选择无法与纯粹的任性或者机会区分。但是，萨特当然会赞同，当我们慎思之时，我们会一般化。然而，对他而言重要的一点是我意识到我的一般性总是我的。我对一种特定（而不是终极）原则的一般化不可归因于"科学""宗教"或者"社会"，而应归因于此时此刻的行动。对于萨特而言，每个特殊的行动"A"是我的一种行动。这些层面是不可分割的。一般原则构成我的道德理由，但是它没有普遍的立场；像所有道德一般性一样，它很明显是可选择的，是其他可能性中的一个可能性。

　　萨特当然同意，我们按照一般情况来反应、发明是没有问题的。然而，这些不是普遍化，不被任何人或者任何东西（上帝，本体自我或者理性本身）批准，除了被我的自由决定批准外——我决定按照我选择的准则行动。萨特式的道德和非道德行为指的是我们在世界上一般化特殊行为的能力（比如，加入军队或者与母亲在一起），并且总承认这种一般化是我的。确实，萨特与康德最重要的一个不同之处在于他拒绝声称：正确行动的原则是合理的，适用于世界上任何特定的行动。对于萨特而言，"原则"只有在应用于决定行动的时候才存在。

萨特否认任何普遍的或者一般的原则的先验相关性，他也否认存在能够支持一个选择、反对另外一种选择的普遍原则。他坚持认为人们做决定的时选择了自己的原则。这些决定一般都是在他们的基本谋划或者是对自身的原始选择的框架内做出的。一旦他做出决定，他便可以在特殊处境中自由确立行动，尽管他也能在一般情境中界定这种行为（比如家庭忠诚的例子与党内团结的例子）。现在这明显意味着，如同某些批评家所指责的那样，萨特正在任性的层面形成一种伦理学。关于任性的问题，萨特评论员约瑟夫·卡特拉诺（Joseph Catalano）指出，只是因为萨特坚持认为行动是主要可知的东西，所以他是一个非理性主义者，这是不正确的。重要的是，卡特拉诺评论说，虽然"理性与自由的关系非常模糊……这种模糊性并不一定是不加批判的"（卡特拉诺，1996：5/84）。确实，我们已经理解，本真的态度接受自由作为主要的价值观，会自由采纳批判的立场。

在萨特的理论中，人在个人和集体层面上形成原则、准则和行为规则；这些只能是道德一般性，与人类世界（不是"在他们本

第七章 伊曼努尔·康德的重要性

身"的存在)有关,因此没有普遍的立场,也没有客观的立场。只要我们选择维护这些或者超越这些,我们就是有责任的。

萨特说,康德"相信形式的和普遍的东西就已经足够构成一种伦理学。另一方面,我们认为太过抽象的原则在努力决定行动的过程中搁浅了。"(萨特,1998:47)。年轻人是应该与他的母亲待在一起还是应该加入自由法国武装部队的例子是众所周知的,在这个例子中,萨特说,这是在那个时间和地点的特殊行动,不是年轻人要负责的一般准则或者行为规则。所以,普遍性的整个概念站不住脚:我也许可以选择把一般准则或者原则普遍化,比如,"家在国之前"或者"国在家之前"。但是我不能普遍化世界上一种具体的行为。在这方面,萨特写道:

> 普遍是成为世界的一部分的一种分类,不是存在于世的一种分类。这些构成了普遍本质的特性是被给予的,他们是静态的,是永恒的一部分,人们也许索性会说这个永恒是过去永恒的一部分(wesen ist was gewesen ist)。人通过自己的否定破除了圈住他的每个形式,继续向外推进他所是的限制。(萨特,1992:69)

对于萨特而言,"道德是个人的、主观的、历史的事业"因为"可能的人来自具体的人……这样,可能之所以成为可能是从我们开始"(萨特,1992:5—6)。

我们已经看到，萨特在《伦理学笔记》中通篇批判康德式普遍，并说正确的理解是伦理学必须是具体的；但是读者应该注意，它不排除被选择的一般性。他说，比如康德的普遍原则不能告诉我们在一个特殊的处境中我们应该做什么，因为特殊、具体是存在的，但是普遍不存在。比如，关于合作或者反抗的问题，萨特说："存在一种具体的道德选择。康德哲学没有在这方面进行教导。"（萨特，1992：7）。他说，康德律令"不要撒谎"意味着"……在任何情况下，无论处境如何，都不要撒谎。"换句话说，这世界是无关紧要的。让我们也补充：我的生活，我的谋划，我的欲求也是无关紧要的"（萨特，1992：254）。在这里，萨特强调处境只能通过反思，通过概念，通过一般性来确定。但是这样的一般性从不强加给我们。他说"说真话"的康德药方"跳过了可能撒谎的处境。由于它不参与我的处境，所以它是一种超越任何处境的自由或者纯粹的自由……它是自由，在它选择的场合中成为永恒"（萨特，1992：254）。萨特说，不撒谎的要求或者义务"暗示对人类秩序抱有信心，以及对世界冷漠相待，这样的话，世界不会被设想为绝对的阻碍"（萨特，1992：238）。萨特在这里又一次坚持处境的给予性，而我们在处境中行动或者拒绝行动——与康德相反。萨特似乎明确不指向康德的普遍准则或者原则，因为康德已经发现了体验本身不是令人满意的道德基础："事实上，经验绝对不可能完全确定一个事例，在这个事例中，行为准则仅仅依靠道德根据、依靠要承担义务的想法……因为如果道德价值处在争议中，那么，我们关心的问题并不是我们看到的行为,而是行为的那些不为我们所看到的内在原则。"(康德,1964:74—75)。

第五节 第二个错误假设

萨特声称所有人都前反思地意识到自己是自由的——能够质疑世界本身以及自己在世界上的位置。但是因为我们已经看到,萨特坚持认为,我们意识——认为自己是世界上价值的自由源泉——使人畏惧,所以我们经常寻求在自欺中隐藏我们的自由意识。只有在萨特所谓的"纯粹反思"的时刻,我们才能瞥见我们自己是完全自由的,是世界上价值的唯一源泉,我们才能说我们采纳了本真性的态度。但是本真性本身不是一种静态的意识状态;它在飞逝,我们重新确认我们自身和世界作为被追求的价值,而不是作为业已存在的自我或者世界所是,通过这样的重新确认它才能得以维持。萨特把自我设想为一种追求的价值而不是业已存在的某物,他拒绝存在于意识中的"我"或者"内在"自我的存在,这些构成了第二个理由,解释为什么不能说他接受康德的可普遍化原则。

虽然康德承认除非我们事先假设自由的存在,否则我们提及职责、责任、义务或者道德都是没有意义的,但是他不能证明我们事实上是自由的。康德提供了人的"两个立场"的观点,这个观点允许他调和两方面的对立,一方面,人理解自身是自由的;另一方面,人受制于自然因果法则。因为我们在自然世界中考虑人这个存在,所以我们也许能从经验主义自我的角度看待他们。因为我们认为人是道德行动者,所以我们也许能从"本体"自我的角度看待他们——这个自我处在现象世界的自然秩序"背后"。这种自我超越了经验的可能性,因此康德认为它是本体的或者是"物自体";它不受《纯粹理性批判》(*Fist Critique*)中揭示的知识的限制。最重要的是,这个自我不受因果关系范畴的限制,因此逃脱了普遍因果关系原则。在这两个立场中,康德能够包容两个观点,一是人可以理解为自然对象;二是他们作为本体主体不受因果决定论限制。作为本体主体,康德能够允许人是"自由的",因此能为自己的行为负责——也就是说,人受到非因果道德法则限制。

萨特在《自我的超越性》中的一个主要任务是拒绝康德主义以及(后来的)胡塞尔超验自我。对于康德和胡塞尔而言,在所有意识行动中必须有一个我—行动者(超验自我)在场,构成对象,构建我们的体验。但是萨特断然反对康德和胡塞尔,他坚持"自我既不是形式地、也非物质地存在于意识中:它在世界中,是外在的;它是世界的一种存在,就像他人的自我一样"(萨特,1957:31)。萨特坚持认为,我们已经看到,只有一种自我,没有潜在的自我和经验的自我的二元性,这与康德的观点不一样。萨特说,虽然有两种反思——前反思意识和反思意识,但是只有一个自我。

萨特坚持,自我不在意识中。后来他在《存在与虚无》中声

第七章 伊曼努尔·康德的重要性

称,意识"不是其所是",意识构成意识自由的一个论据。确实,萨特拒绝任何本体的或者超验的自我,接受胡塞尔的意向性学说(所有的意识是对某物的意识),拒绝胡塞尔的"悬置",他坚持意识是绝对半透明的、单一的、自由的,他坚持意识指向一个对抗着它的世界。康德的本体自我虽然是不可知的但却被假定为自由的,因此能够在理性的实际运用中采取道德行动,而萨特的我思则不一样,它揭示没有自我一行动,即使我是个体化的,但却是先于个人的。对萨特而言,重要的是,自我经验性地处在人类世界中(lebenswelt)。确实,在世界上他人中间建立自我对于萨特而言是一种必然,即便这样的建立不是解决道德问题的充分的条件。

萨特在《自我的超越性》中表明的最有批判性的一个观点是"我"和世界的关系是互相依赖的关系。正是通过人和世界之间互相依赖的观点,萨特明白他的意识理论能够为伦理学建立一个出发点:

> ……这种绝对意识在我和世界之间确立的相互依赖的关系足以让我面对世界显得"岌岌可危",足以使我(间接地通过状态的中介)从世界那里获取其全部内容。至于说从哲学上确立一种道德和绝对实证的政治,不再需要更多。(萨特,1970:4—5)

萨特认为自我是超越性的,这允许他把我们称为"自我"的东西、我们的个性和特征看作一种方式的重复结果，我们用这种方式占有世界首先给予我们的东西。因此，对于他而言，不存在对我自身或者我的自我的优先内在观点或理解；我的"我"与他人的"我"是一样的。对于萨特而言，不存在康德的本体主体"拥有意识"能够——如果有这样的自我——做出与普遍道德行为规则相符的选择。只存在具体化的人类意识，在世界中行动，在世界中做出选择，形成赞同或者反对他人的理想或者原则。

第六节　萨特反对康德是什么意思

虽然萨特在很多著作中都使用了康德的语言来讨论道德问题，但是我要说，他的意思与康德的不一样。萨特引用可普遍化原则的最明显的例子也许是在《反犹分子》一书中：

> 不论犹太人说什么做什么，不论他对自己的责任有一个清晰的还是模糊的概念，他的所有行为都好像受到康德律令的限制，好像他不得不在每次行动之前问问自己："如果所有犹太人都跟我一样做，那么犹太人的生活会变得怎样？"他问自己这个问题……他必须通过选择自己，独自回答，不依赖别人。（萨特，1948：89—90）

第七章 伊曼努尔·康德的重要性

人们对萨特的假设性问题的回答是"独自""不依赖别人"做出选择自己的决定,我相信这暗示萨特在与康德争论、而不是赞同康德。但是如果萨特不是提及康德意义上的为自身制定普遍道德法则,那么他在谈论什么?我们在解释这段话的时候也许能参考萨特其他作品中类似措辞的篇章。在《什么是文学》和《伦理学笔记》中萨特常常谈到我们得为他存在是一种"慷慨"或者"礼物"。我认为当萨特援引康德的道德语言的时候,他不是在说制定规则或者准则,而是创造性地在慷慨中把自己作为一种"礼物"提供给他人。比如,在《伦理学笔记》中,萨特强调,"所以人最初是慷慨的,他的出现是世界的创造……当他通过反思承担自身时,他把这个创造变成了必需、公认的绝对……所有事情的发生就好像他说过的:我选择失去自我,这样世界就能存在,我选择成为存在的绝对意义,除此以外什么都不是,我选择成为虚无,这样的话世界就可以是任何东西……"(萨特,1992:499)正是在这个意义上,萨特在《存在主义》中把道德行为与美学行为和创造行为进行对比:"相反,让我们说道德选择要与艺术品的制作进行比较"(萨特,1998:42)。在《什么是文学》中萨特告诉我们,艺术的最终目的是"在依照其本来面目来展示世界的时候恢复这个世界,但是要做得好像世界的根源是人的自由。"(萨特,1988:57)。写作作为一种艺术工作(或者任何一种类型的人类创造活动,因为萨特说,它是不是艺术不是很重要)是"揭示世界又是把世界当成任务提供给读者的慷慨……"(萨特,1988:57—62)。正是作为一种任务、要求、呼吁和邀请,我的创造性行为意识到本身是给他人的礼物,这样我们可以一起改变世界现有的结构,因而超越世界:"至于阅读的我,如果我创造并维持一个非正义的世界,我就不能不使自己对这个世界负责。而作者的全部艺术迫使我创造他揭示的东西,因此把我牵连进去。所以现在是我们俩承担着整个世界的责任。"(萨特,1988:57)。在这里,我们能够理解,与康德相反,本真的人类选择对于萨特而言与充满他人的世界有关,带有偶然的创造性且是慷慨的,不受"心中的道德法则"的限制。

也许有人会认为,当萨特引用康德"目的之城(或者王国)"的时候,他是支持康德的。但是,这里的重合也容易让人产生误解。因为萨特认为人性总是在形成中,不是目的自身,我认为他所表达的意思跟康德不一样。比如,在《伦理学笔记》中,他说"如果我设想一个完美的社会(康德的目的王国),每个人都给他人应有的……权利是含蓄的……然而正是在社会中权利才能存在,因为存在与应该存在之间存在差距"(萨特,1992:137)。在这里,萨特对权利的批判类似于18世纪法国哲学家让-雅克·卢梭的批判。卢梭抱怨在公民社会之内,人们处处都不平等:"像这样或者本来应该这样,社会和法律给予弱者以新的限制,给予富人以新的力量,他们的起源不可避免地摧毁了天赋自由权,建立了永恒的财产法、不平等法,把熟练的篡夺变成不可改变的权利,为了一部分野心家的利益,从此让整个人类种族受制于劳作、奴役和不幸"(1987:

第七章 伊曼努尔·康德的重要性

70)。对于卢梭,萨特说,"人权"的宣布和其存在仅仅指向人在现代社会中人的异化以及现在道德不可能性的异化。事实上,康德的目的王国如今不存在。包括康德的道德体系还有未能承认这个事实"权利"学说在内的任何道德体系都犯有自欺罪,因为它们忽视了人们现有的困境,又因为忽视了困境,所以未能改变困境。在《什么是文学》中,萨特说道:

> ……因为这个世界由我俩的自由合力支撑,因为作者企图通过我这个媒介把这个世界与人合为一体,那么这个世界就必须真正以自己的本原出现……它受到一个自由的贯穿与支持,这个自由以人的自由为目的。如果这个世界不真正是它应该成为的目的之城,那么它至少必须是通向这个目的之城的一个阶段,简单来说,它必须是一种生成,必须不被当作压在我们身上的庞然大物来看待、介绍,而是从它是为通向这个目的之城而作的超越努力这个观点来看待、介绍它。(萨特,1988:61—62)

在这里,"目的之城"显然是作为生成而构建的,而不是康德意义上的"目的自身"。萨特指出,我们生活在世界上,他人"选择一种善,这种善肯定"我在我所有的脆弱、有限性和弱点中的自由,我们在"目的之城"中(萨特,1992:500),因为我们设想了一个没有压迫和异化的世界(或者处境)。不过这样一个目的之城也许只能通过想象未来历史处境来理解,而不是作为目的自身来理解:"换句话说,在整个具体的目标中且通过整个具体目标,通过追求目的之城,一个人可以最低限度地通过自由来实现这个目标。因此这是邻近的目标的超越性和奇异之处把价值给予了目的之城这个最终目标,即使最后目标给了目的之城价值",所以,尽管萨特借用了康德的语言,但是我想不能把他理解为引用康德的意思。因为他的现象学本体论坚信:我们的人性总是在形成中,它不是目的自身,所以"总是通过映射超越性来实现自己"(萨特,1992:169)。正是在这个意义上,萨特批判黑格尔和孔德(Comte)的自我封闭理想主义:

> 然而,如果人性通过个人意志成为自身的目标,那么概念会再一次绊倒它。这可以从黑格尔身上清晰地看到,他认为,最终的社会只能无所事事。确实,他补充到,精神是不安,但是他从这个当中只得出了一个结果:仍然会有战争。在理想社会中,人性围住了自身。个人在自己与整体的关系中耗尽心力,而整体在与每个个人的关系中耗尽心力。不管怎样,这正是目的之城邦。这在A.孔德身上也可以看到。目的之城邦这个术语在伯格森主义意义上是一个封闭的社会。(萨特,1992:169)

萨特把个人的行为选择扩展到全人类,这背后的意图也许是要重新

第七章　伊曼努尔·康德的重要性

提及他的说法："存在先于本质"区分了人与其他东西（萨特，1998：13—16）。在萨特看来，人没有事先决定的自我或本质。重点在于我们与他人存在于世界上的已选方式。因为（鉴于现象学本体论）"人类"确实没有本质，每个人类都没有本质。我应该成为我现在选择成为的人，因为我是这种真实的、特别的在世界上的铭刻。我这种特别的在世界上的铭刻涉及他人，因为他们受到我的选择的影响；人与人之间有一种互相依赖的关系，因为我们处在世界上他人中间，处在他们面前。因此，我们每个人的行动，不论好坏，都有助于人类的整体刻画。

人类的普遍性明显不是指一些人类"本质"，而是指我们选择谋划的那一类人，他们在世界上创造，这个世界早已因为人类变得生机勃勃。因为"自我"是外在的，在世界上他人中间，所以人不会围住自身，但存在于人类世界。萨特认为存在主义是一种人道主义，因为人可以得到提醒：除了他们本人以外，不存在"立法者"。在这里，萨特宽泛地赞同康德，但是他很快与康德分道扬镳，因为他坚持我们作为"立法者"的状态是选择的，而不是强加于我们身上的。我们的人性，是一种个人的冒险，发生在整个世界维度上的冒险，没有把个人托付给某个先验的世界。与康德相反，萨特坚持认为，道德"普遍"不是一个只属于人类的抽象道德原则，人类是理性存在，但是他们由道德行为原则组成，这些道德行为原则是我们个人在无尽的历史社会塑造和改造的自身和人类世界的进程中、在所有情景中所选择的。

萨特的永恒遗产

第八章

从萨特出发
Starting With Sartre

> 有个想法一直萦绕于我的脑海：最后，你总要为你成为的东西负责。即使你除了承担这个责任外，别的什么也做不了。我相信人总能让自己搞点名堂出来。这是自由……［萨特采访，1970《新左派评论》（*New Left Review*），伦敦］

在萨特演讲《存在主义是一种人道主义》之后，他在战后巴黎普及的存在主义哲学运动风风火火展开。人们说存在主义仅仅是对纳粹占领法国带来的破坏和饱受战争摧残的法国最后取得胜利的一种反映。萨特和德·波伏瓦都参加了法国的抵抗运动，法国的抵抗让我们全面看到，我们这个支离破碎的世界需要持久的行动、坚定的承诺和责任。在这个支离破碎的世界中，人们怀疑人性的意义和人类存在并且繁荣的可能。但是假设存在主义仅仅是一种反动运动、代表了人类历史上最恐怖的一个篇章的话，这是不对的。如果仅仅是那样，那么萨特的永恒遗产只能是观念史上的一个脚注而已。自由，这个萨特从未"停止追寻"的想法，一直与萨特作为一个哲学家、小说家、剧作家、文化批评家和传记作者而产生的遗产

第八章 萨特的永恒遗产

密不可分。我们已经看到笛卡儿把怀疑的能力转变成一种创造行为，萨特深受影响。他的不朽贡献是他在一个抵抗我们的世界中毫不畏缩地追求人类自由，坚持我们总能成为更好的自己，挑战传统的道德，认为我们的责任不在于我们对义务、责任的依附或者对某些假定权威的顺从，正如我们在上一章看到的，而是在于我们自己创造性地努力在世界上他人中间刻画出更加接近我们内心最深处理想的意义和价值。

虽然我们已经看到，萨特接受"苏格拉底式智慧"，这种智慧要求我们不断质问、反省我们自己的生活，但是当柏拉图和亚里士多德把重点放在美德上，认为美德有助于我们获得美好生活的时候，他表示不相信。在理解萨特的不朽遗产时，简要提及萨特与亚里士多德疏离的意义是很有裨益的。

我们注意到，萨特和苏格拉底两位哲学家都把重点放在苏格拉底所谓的"反思自省的生活"上，因而产生了特别密切的联系。萨特强调"存在"而不是"理性"，他问及如何才能获得人的和世俗的幸福安乐。从他的问题中我们可以看出他是多么专注于探索我们的生活质量。如果我们把萨特的自欺看作是一种不加批判的、保守的态度，那么苏格拉底和萨特之间丰富的密切联系也显而易见。我们已经看到，苏格拉底强烈批评这些不反思自己信仰的人，跟萨特一样，他认为我们若没有反思我们的信仰，就会不可避免地过上不幸的生活。不仅我们如此，他人也是一样。重要的是，跟苏格拉底、柏拉图和亚里士多德一样，萨特想要理解人际关系心理学。确实,他在反思存在主义伦理学是否可能存在的过程中,探索了人与人之间的关系,特别是友情和爱情。但是对于萨特而言,重点转移了:在他看来,当我们在本真性中自由克服差异或者"他性",获得彼此的"多元统一"或者"相同性"的时候,积极的人际关系会出现(但是与海德格尔相反,我们绝不能保证这种关系一定会出现)。这种"多元统一"或者"相同性"可以通过积极促进别人的自由来表达。然而,对于柏拉图和亚里士多德而言,理智德行和道德德行的培育在道德问题上有最重要的地位,我们的理性能力构建了我们的"本质"。我们已经看到,萨特否认理性构成我们的本质,也否认我们用理性来培育美德的能力最终会让我们过上美好的生活;更确切地说,他把道德行为比作艺术作品,强调道德中的创造和创新元素。跟康德不一样,柏拉图和亚里士多德不仅在规则或原则层面,还在性情、性格、品质等层面设想道德,比如,他们谈到了美德和品德高尚的人,而不是谈到什么是对的、强制的或者义务。亚里士多德特地思考了美德对于道德生活的重要性,他最有影响力的道德作品《尼各马可伦理学》(*The Nichomachean Ethics*)对美德进行了持续的探索。他争论到,我们应该通过教育培育合适的美德(勇气、正义)和理智德行(智慧、审慎)。他认为这些能够通向幸福。亚里士多德认为美德的培育对于道德生活而言是必需的,而在这个观点上,萨特与亚里士多德产生了分歧。比如,在《伦理学笔记》中,他嘲弄"好习惯,他们绝不是好的,因为他们是习惯"(萨特,1992:4)。在这里,萨特显然对亚里士多德的观

第八章　萨特的永恒遗产

点不屑一顾。亚里士多德认为美德是必不可少的，它可以牢牢支撑一个人的性格，从而让美德成为他的习惯，因而我们不可能在我们的道德生活中进行发明或者创造。萨特与亚里士多德相反，他不会允许一个人仅仅拥有像勇气这样的一种美德。在他的理论中，"懦夫总有可能不再怯懦，英雄总有可能不再英勇"（萨特，1990：35）。这在亚里士多德看来也是真的，但是对于他而言，道德上重要的是，人事实上通过做好事牢固建立他的道德行格。在某个点上，个人不会完全或者主要出于习惯行事，或者出于谨慎小心培养的性格行事；亚里士多德认为，习惯已成为主导。因此，在亚里士多德看来，"出于性格行事"或者与习惯相反行事这类情况不常见。亚里士多德确实坚持认为，一个人即使做出了勇敢或者正义的行为，他仍然有可能不是勇敢、正义的人——他可能是出于对报复的恐惧而做出勇敢正义的行为。但对于亚里士多德而言，绝对重要的是，一个人很勇敢，审慎的理智德行对于获得合适的道德性格是必不可少的；审慎确保我们的行为反映了我们拥护其他美德，这样的话，我们不会"出于性格行事"。但是正如我们已经看到的，对于萨特而言，"出于道德"行事可以是表达自由的一种方式，因此有益于道德。

重要的是，对于另外一个假设，也就是，我们有一个所有行为都指向的自然"宗旨"或者目的，萨特也与亚里士多德意见不一致。这样的假设就是提前把人的一种本质设立为本质上"理性的"或者"天生寻找幸福"。柏拉图和亚里士多德都假设人类生活（我

们的理性能力)有一个必然结构,从这个结构中,他们发展、展示了一种道德理论。萨特的存在先于本质的声称必须把必然结构排除,因为在这种理论中,人不是由某种像"理性的"这样的特征、属性或者能力定义的。与亚里士多德的理论相反,他们不是天生地或者本质上朝向某种最后的目的,除了朝向他们自身的死亡。在这里,萨特毫无疑问是一位自然主义者,把人类处境的特征描述为"普遍的人类境况",他所谓的这种境况指的是必然定义我们所有人的限制:我们是统一的,因为我们都活着、爱着、劳作着,最后走向死亡:

> 虽然历史处境变化万千,但不变的是人"在世界上存在、工作、处在他人中间终有一死"的必然性,这些限制是客观的,因为哪儿都有这些限制,在任何地方都可以看到这些限制。这些限制是主观的,因为他们是被体验的,如果人类不体验他们,也就是说,如果人类不参照他们却自由决定自己的存在,那么他们就什么都不是。(萨特,1990:38—39)

对于萨特而言,重要的是我们如何生活。其他世俗的哲学家承诺死后有永生,对此他显得有点不耐烦。他坚持认为,今生才是重要的,我们唯一知道并体验的只有今生。

萨特最重要的贡献是他首先在《自我的超越性》中提出,然后在《存在与虚无》和《伦理学笔记》中进一步发展的一个洞见,

第八章 萨特的永恒遗产

这个洞见就是我们以最基本、最主要的方式需要并依赖他人，我们需要彼此，以便真正过上人类的生活。但是因为这种原始的本体论联系在道德上是中立的，所以由我们决定"连接的关系"是会创造合作的条件还是冲突的条件。因为在萨特的人性理论中没有事先存在的"我们"，我们必须为自己形成条件，以便一个"我们"能存在。我们已经看到，萨特与很多传统的哲学家不同，因为他没有给我们提供绝对的指南、规则或者原则，没有告诉我们如何创造这种而不是另外一种可能。确实，他提到本真性涉及选择，这个选择意欲把自由作为世界的基础，对我们应该创造什么样的世界，没有提供实际的指导。

然而，考虑到萨特对我们这类存在的描述，也就是，对处在世界上他人中间且必须行动（因为不行动或者拒绝行动仍然是行动）之人的描述，所以不难看出世界在根本上其实依靠我们运转。所以，萨特不是提供人的决定论描述或者把固定的人类本性归之于人，然后从中推断他们会如何或者应该如何行为举止，而是跟笛卡儿一样，从否定开始——从我们所不是开始——并从否定中推断我们会成为什么。简言之，萨特用人的可能性不是"本质""定义"他们。正是在这个意义上，德·波伏瓦指出，"……跟康德不一样，我们不把人看作是本质上积极的意志。相反，他首先被定义为否定。他首先与自身疏离。只有答应永不重获自身，他才能与自身符合。他一直在内心玩弄否定……"（德·波伏瓦，1991：33）。德·波伏瓦和萨特都坚持道德只有在有问题需要解决的时候——只有这样我们才首先与自身疏离——才真正变得有意义。在这里，德·波伏瓦提醒我们"人不给上帝提供道德"，上帝是完整的，别无所需。道德问题是特殊的人类问题，需要特殊的人类解决方法。我们如何理解成为人类是什么意思呢？我们想要成为什么样的人？我们想要创造什么样的世界？显然，当今世界动荡不安，世界上最弱势的群体处在极度贫困中，环境恶化日趋严重，所以这些道德问题是最重要最紧迫的。这些问题事先假设我们已经生活在一个人类世界，铭刻在世界上的道德和非道德的价值观有其人类行动根源。

值得注意的是，美国伟大的实用主义者威廉·詹姆斯同样争论道："必先存在人性，道德才能存在。"他声称，如果没有人性，那么"对"和"错"，"善"和"恶"就是无意义的术语，自然中不存在道德这样的东西。詹姆斯写道："没有什么是好的或者对的，除非某种意识觉得它是好的或者认为它是对的"（詹姆斯，1948：71）。詹姆斯和萨特都致力于道德哲学，这种道德哲学向个人而不是向假定性的俗世或者超俗世权威（"上帝"或者"社会"）寻找问题的答案。诚然，正是在这个意义上，詹姆斯和萨特都致力于"人道主义"，维护他们各自的"人道主义"的哲学。

萨特的独特贡献是他认为我们选择并维持自己在世界上的处境。我们，不论集体还是个人，都创造了价值观和理想，给予了今天的世界它所拥有的特殊意义。我们把这些表达我们经验和对做人的理解的理想和价值观铭刻于世界。我们创造并维持了一个什么样的世界？如果我们诚实地回答这个问题，我们会发现我们的很多选

第八章 萨特的永恒遗产

择反映了我们最深层次的理想。比如,我们会发现,我们已经选择创造并维持贫富差距,不仅包括最发达国家不同阶层之间的贫富差距,而且包括不同国家之间的贫富差距。我们会发现,富人安于将自己的财富建立在穷人的辛劳上。我们会发现,我们选择了利用世界上丰富的资源,而不是保护这些资源。我们会继续维持这些现状吗?还是超越这些现状呢?萨特痛苦地提醒我们,我们的世界会变得更好还是更差,后代子孙会保留还是会挑战我们留下来的价值观,这些我们都不知道:"将来,在我死后,有些人可能会建立法西斯主义,而另外一些人可能因为怯懦胆小,稀里糊涂地就让他们建立了。然后法西斯主义会成为人类实在,这对于我们而言就更糟糕了。"(萨特,1990:31)。

因为我们的选择绝不是强加于我们的,所以由我们决定我们在这个经常充斥着危险和不确定的世界生活的意义。萨特的永恒遗产就是他强有力地提醒我们,为了过上真正的人类生活,我们需要彼此共同创造条件,让我们的人性不仅存在,而且真正地繁荣昌盛。

致谢

谨向慷慨助我厘清本书脉络和结构的人致以衷心的感谢。特别感谢我的学生,他们一直提醒我,让哲学为更多人所理解并把哲学与我们生活的世界联系起来是多么重要。我与同事,特别是与菲尔·沃什博恩(Phil Washburn)和迈克尔·森纳菲尔特(Michael Shenefelt)就哲学问题进行了讨论,他们帮我确定一些分析的细节,使我获益良多。当然,本书中任何瑕疵或错误,我独自承担责任。

也非常感谢纽约大学通识教育项目(Liberal Studies Program)在2008年秋季,授予我教师研究发展基金(Faculty Research Development Grant),让我有宝贵的时间致力于本书的写作。

最后,我要感谢我的母亲阿瓦林(Avalin),她用慷慨无私的爱一直支持着我,即便在我深深怀疑自己的时候,亦是如此。

参考文献

萨特的早期作品

Anti-*Semite and Jew* (1965), trans. George J. Becker. New York: Schocken Books [1946].

'Black Orpheus' (1988), trans. John MacCombie, in '*What is Literature?'and Other Essays*. Cambridge, MA: Harvard University Press [1943].

The Devil and the Good Lord (1960), trans. Kitty Black, in *The Devil and theGood Lord and Two Other Plays*. New York: Vintage [1951].

Dirty Hands (1955), trans. L. Abel, in *No Exit and Three Other Plays*. New York: Vintage [1948].

The Emotions: Outline of a Theory (1948), trans. Bernard Frechtman.New York: The Wisdom Library [1939].

The Imaginary: A Phenomenological Psychology of the Imagination (2004),trans. Jonathan Webber. New York: Routledge [1940].

Imagination: A Psychological Critique (1972), trans. Forest Williams. Ann Arbor: University of Michigan Press [1936].

'Introducing *Les Temps modernes*' (1988), trans. Jeffrey Mehlman, in '*What is Literature?*' *and Other Essays*. Cambridge, MA: Harvard University Press [1945].

'Materialism and revolution' (1962), in *Literary and*

Philosophical Essays, trans. Annette Michelson. New York: Collier Books [1946].

No Exit (1955), trans. Stuart Gilbert, in *No Exit and Three Other Plays,* New York: Vintage [1944].

Saint Genet (1964), trans. Bernard Frechtman. New York: Mentor [1952].

The War Diaries of Jean-Paul Sartre (1984), trans. Quintin Hoare. New York: Pantheon [1983].

'*What is Literature?*' (1988), trans. Bernard Frechtman, in '*What is Literature?' and Other Essays.* Cambridge, MA: Harvard University Press [1947].

萨特的晚期作品

Between Existentialism and Marxism (1974), trans. John Mathews. New York: William Morrow [1971].

Colonialism and Neocolonialism (2001), trans. Azzedine Haddour, Steve Brewer and Terry McWilliams. New York: Routledge [1964].

Critique of Dialectical Reason (1982), trans. Alan Sheridan-Smith. London: Verso [1960].

The Family Idiot: Gustave Flaubert 1821—1857, vols 1–4 (1971), trans. Carol Cosman. Chicago: University of Chicago Press.

Hope Now (1996), trans. Adrian van den Hoven. Chicago: University of Chicago Press [1980].

Life Situations: Essays Written and Spoken (1977), trans. Paul Auster and Lydia Davis. New York: Pantheon [1971—1975].

Sartre By Himself (1978), trans. Richard Seaver. New York: Outback Press [1976]. (This volume is the transcript of a documentary film on

Sartre, also featuring Simone de Beauvoir.)

Sartre on Theater (1976), ed. Michel Contat and Michel Rybalks, trans. Frank Jellinek. New York: Pantheon [1973].

Search for a Method (1968), trans. Hazel Barnes. New York: Vintage [1957].

Truth and Existence (1992), trans. Adrian van den Hoven, ed. Ronald Aronson, Chicago: University of Chicago Press [1989].

'The writer and his language' (1973), in *Politics and Literature*, trans. J. A. Underwood and John Calder. London: Calder & Boyars [1965].

关于萨特的作品

Anderson, T. C. (1979), T*he Foundation and Structure of Sartrean Ethics*.
Lawrence, KS: The Regents Press of Kansas.

Anderson, T. C. (1993), S*artre's Two Ethics: From Authenticity to Integral Humanity*. Chicago: Open Court.

Barnes, H. (1959), *Humanistic Existentialism: The Literature of Possibility*.
Nebraska: University of Nebraska Press.

Barnes, H. (1967), *An Existentialist Ethics*. New York: Random House.

Barnes, H. (1973), *Sartre*. Philadelphia: J. B. Lippincott.

Bell, L. (1989), *Sartre's Ethics of Authenticity*. Tuscaloosa: Alabama Press.

Bernasconi, R. (2007), *How to Read Sartre Today*. New York: Norton.

Brosman, C. (1984), *Jean-Paul Sartre*. Boston: Twayne.

Busch, T. W. (1990), *The Power of Consciousness and the Force of Circumstances in Sartre's Philosophy*. Bloomington, IN: Indiana University Press.

Cannon, B. (1991), *Sartre and Psychoanalysis: An Existentialist Challenge to Clinical Metatheory*. Lawrence, KS: University Press of Kansas.

Catalano, J. S. (1980), A *Commentary on Jean-Paul Sartre's 'Being and Nothingness'* Chicago: University of Chicago Press.

Catalano, J. S. (1996), *Good Faith and Other Essays: Perspectives on a Sartrean Ethics*. Lanham, MD: Rowman & Littlefield.

Caws, P. (1979), *Sartre*. Boston: Routledge and Kegan Paul.

Cohen-Solal, Annie, trans. Anna Cangcogni (1987), *Sartre: A Life*. New York: Pantheon.

Danto, A. (1979), *Sartre*. London: Fontana.

de Beauvoir, Simone, trans. Patrick O'brian (1991), *Adiex: A Farewell to Sartre*. New York: Pantheon.

Detmer, D. (1988), *Freedom as a Value: A Critique of the Ethical Theory of Jean-Paul Sartre*. La Salle, IL: Open Court.

Detmer, D. (2008), *Sartre Explained*. Chicago: Open Court.

Flynn, T. (1984), *Sartre and Marxist Existentialism*. Chicago: University of Chicago Press.

Gerassi, J. (1989), *Jean-Paul Sartre: Hated Conscience of His Century*.

Chicago: University of Chicago Press.

Gordon, L. (1995), *Bad Faith and Antiblack Racism*. Atlantic Highlands, NJ: Humanities Press.

Heter, S. T. (2006), *Sartre's Ethics of Engagement*. New York:

Continuum.

Howles, C. (1988), Sartre: *The Necessity of Freedom*. Cambridge:Cambridge University Press.

Howles, C. (ed.) (1992), *The Cambridge Companion to Sartre*. Cambridge:Cambridge University Press.

Jeanson, Francis, trans. Robert V. Stone (1980), *Sartre and the Problem of Morality,* Bloomington, IN: Indiana University Press.

King, T. M. (1974), *Sartre and the Sacred*. Chicago: University of Chicago Press.

Manser, A. (1967), *Sartre: A Philosophic Study*. New York: Oxford University Press.

Murphy, J. (ed.) (1999), *Feminist Interpretations of Jean-Paul Sartre*. University Park, PA: Pennsylvania State University Press.

Santoni, R. E. (1995), *Bad Faith, Good Faith, and Authenticity in Sartre's Early Philosophy*. Philadelphia: Temple University Press.

Santoni, R. E. (2003), *Sartre on Violence: Curiously Ambivalent*. University Park, PA: Pennsylvania State University Press.

Solomon, R. C. (1981), *Introducing the Existentialists: Imaginary Interviews with Sartre, Heidegger and Camus*. Indianapolis, IN: Hackett Publishing Company.

Van den Hoven and Andrew Leak (ed.) (2005), *Sartre Today*. New York:Berghahn Books.

Wider, K. V. (1997), *The Bodily Nature of Consciousness: Sartre and Contemporary Philosophy of Mind*. Ithaca, NY: Cornell University Press.

Wilcox, R. (1988), *Critical Essays on Jean-Paul Sartre*. Boston: G. K. Hall.

其他参考作品

Anderson, T. C. (1979), *The Foundations and Structure of Sartrean Ethics*. Lawrence, KS: The Regents Press of Kansas.

Anderson, T. C. (1993), *Sartre's Two Ethics: From Authenticity to Integral Humanity*. Chicago: Open Court.

Aristotle. (1990), *The Nichomachean Ethics*. Oxford: Oxford University Press.

Catalano, J. (1996), *Good Faith and Other Essays*. Lanham, MD: Rowman & Littlefield.

Cranston, M. (1962), *Sartre*. Edinburgh: Oliver & Boyd.

de Beauvoir, S. (1966), T*he Prime of Life*. New York: Lancer Books.

de Beauvoir, S. (1991), *The Ethics of Ambiguity*. New York: Carol Publishing.

Detmer, D. (1988), *Freedom as a Value: A Critique of the Ethical Theory of Jean-Paul Sartre*. La Salle, IL: Open Court.

Dostoevski, F. (1960), *Notes from Underground*. New York: E. P. Dutton.

Hare, R. M. (1955), 'Universalizability', P*roceedings of the Aristotelian Society*, 55, 295–312.

Harman, G. (1977), *The Nature of Morality: An Introduction to Ethics*. Oxford: Oxford University Press.

Kant, I. (1964), *Groundwork of the Metaphysic of Morals*. New York: Harper Torchbooks.

Keefe, T. (1988), 'Sartre's L' Existentialism est un humanisme', *Critical Essays on Jean-Paul Sartre.* Boston: G. K. Hall, 84–85.

Lee, S. (1985), 'The central role of universalization in Sartrean ethics', *Philosophy and Phenomenological Research,* 46, 59–71.

Linsenbard, G. (2000), *An Investigation of Jean-Paul Sartre's Posthumously Published Notebooks for an Ethics.* Lewiston: The Edwin Mellen Press.

Linsenbard, G. (2007), 'Sartre's criticisms of Kant's moral philosophy', *Sartre Studies International,* 13, 65–85.

MacIntyre, A. (1957), 'What morality is not', *Philosophy* 32, 325–335.

Manser, A. R. (1967), *Sartre: A Philosophical Study.* London: Althone Press.

Midgley, M. (1993), *Can't We Make Moral Judgments?* New York:St. Martin's Press.

Pappas, N. (1995), *Plato and the Republic.* London: Routledge.

Rousseau, J.-J. (1987), *Basic Political Writings.* Indianapolis, IN: Hackett.

Sartre, J.-P. (1946), *Anti-Semite and Jew.* New York: Schocken Books.

Sartre, J.-P. (1955), *Literary and Philosophical Essays.* New York: Criterion Books.

Sartre, J.-P. (1956), *Being and Nothingness: An Essay in Phenomenological Ontology.* New York: Philosophical Library.

Sartre, J.-P. (1957), *The Transcendence of the Ego: An Existentialism Theory of Consciousness.* New York: Farrar, Strauss and Giroux.

Sartre, J.-P. (1963), *Saint Genet, Actor and Martyr.* New York:

Mentor Books.

Sartre, J.-P. (1964), *Nausea.* New York: New Directions.

Sartre, J.-P. (1964), *The Words.* New York: George Braziller.

Sartre, J.-P. (1970), 'Intentionality: A Fundamental Idea of Husserl's Phenomenology', *Journal of the British Society for Phenomenology,* 1, (2), 4–5.

Sartre, J.-P. (1976), *No Exit and Other Plays.* New York: Vintage Books.

Sartre, J.-P. (1990), *Existentialism and Human Emotions.* New Jersey: Carol Publishing.

Sartre, J.-P. (1992), *Notebooks for an Ethics.* University of Chicago Press.

Solomon, R. C. (1981), *Introducing the Existentialists.* Indianapolis, IN: Hackett.

Tolstoy, L. (1991), *Anna Karenina.* New York: Quality Paperback Book Club.

Warnock, M. (1965), *The Philosophy of Jean-Paul Sartre.* London:Hutchinson.

索引

（条目后的页码为本词条出现在原英文版书中的页码）

altruism 77
anguish 10, 35, 38, 47–48, 55–56, 70–71, 74, 83, 93
anti-Semitism 82
Aquinas, Saint Thomas 54
Aristotle 34, 110–112
Aron, Raymond 6
authenticity 64–67, 69–70, 78–79, 82–86, 94, 102, 110, 113
Bachelard, Gaston 41
bad faith 10–11, 38, 44, 47–48, 50, 54, 56–61, 63, 64–66, 70, 76, 83, v87, 102, 106, 110
body 19–20, 43
Bush, George W. 58, 65
Bush Administration 33, 59, 64
caprice 85, 97–100
Catalano, Joseph 100
causa sui 54 *see also* desire to be God
Cheney, Dick 58
classism 65
climate change 4, 58
coefficient of adversity 41
Comte, Auguste 107
conflict 62, 66, 76–77, 112
contingency 35, 67, 70, 78–80, 86
conversion 60, 65–67, 71, 74, 76, 78, 82–84, 86
de Beauvoir, Simone 3, 6–7, 39–40, 68–69, 74–75, 77–78, 81, 83, 86–87, 92–93, 109, 113
influence of 39, 40, 68–69, 74–75, 77–78, 81, 83, 86–87, 92–93, 113
deliberation 60
democracy 27
Descartes, René 4–5, 16–17, 27,

29–30, 33, 39–40, 45–46, 49, 72, 109, 113
desire to be God 54, 70–71 *see also causa sui*
determinism 30–32, 87
Dostoevski, Fydor 93
dualism 43
ego 44, 46–50, 71, 73–76, 85, 98–99, 103–104, 108 *see also* transcendental ego
empirical 103–104
transcendent 4, 46, 48, 66, 99, 104
egoism 77
embodied consciousness 30–31, 104
enlightenment 2, 12, 16
'epoche' 74, 103 see also phenomenological reduction
ethics 12, 50, 66, 71–73, 76–77, 81–83, 85, 87, 91–92, 94–95, 97–98, 100–101, 104, 106, 110, 113
impossibility of 82
Euthyphro 11, 13–14
facticity 40, 43, 44, 75
Fichte, Johann Gottlieb 87

freedom 3, 8–10, 16, 21, 23–31, 37–38, 41–44, 47–50, 54–71, 74–81, 83–88, 90, 93–98, 100, 102–103, 105–107, 109–111, 113
as creative 3, 8, 21–5, 27–29, 41, 69, 84, 95, 105–106, 109–110
as distinguished from power 23
as divine 26–27
as gratuitous 50, 96, 99, 108
as radical 38, 42
as troubled 60, 70–71, 76
as unveiling 67–68, 70, 78, 80
as a value 63, 65–66, 75, 77, 83–84, 86–88, 93, 100–102
fundamental project 50–6, 59–60, 63–71, 75–77, 84–85, 100 *see also* original choice
Galileo 17
generosity 8, 24, 69, 78, 95, 97, 105–106
Genet, Jean 52, 54, 82
Gerassi, Jonh 14
good faith 56, 59–61, 65
Gore, Al 14

Hare, R. M. 97
Harman, Gilbert 97
Hegel, G. W. F. 6, 44, 87, 107
Heidegger, Martin 4, 7, 23, 27–30, 34, 38–39, 65, 110
human condition 10–11, 63, 86, 112 *see also* ontological condition
human nature 63, 113
human reality 27, 32, 38, 40–41, 44, 68, 70, 86, 114
    as a 'useless passion' 55
humanism 4, 8–9, 27, 87, 108–109
humanity 5, 9, 15, 33, 44, 57, 64–65, 82, 98–99, 106–109, 112–114
Hume, David 40
Husserl, Edmund 4, 6–7, 28–29, 44–6, 68, 72–74, 103
idealism 28, 72, 107
idealist 42, 45–46
ignorance 9–11, 79–81, 86
imagination 37, 42
intentionality 40, 44–44, 68, 103
interpersonal relations 10, 29, 48, 50, 54, 61–63, 65, 67, 69, 71, 80–81, 87, 110
interdependency 73
Iraq 33, 58–59, 64–65
James, William 2, 5, 8, 113–114
joy 4, 35, 44, 46, 69
Kant Immanuel 4, 15, 30, 40, 87–108, 113
    categorical imperative 93–95, 97, 99, 101, 105
    ethics of duty 92, 94–96, 102, 110
    kingdom of ends 106
Keef, Terry 98
Kierkegaard, Søren 6
lived experience 3, 5–6, 8, 12–13, 34–35
love 73, 79
MacIntyre, Alisdare 97
natural attitude 24
negation 23, 25, 39, 41–44, 56, 68
nihilating 40–43, 49, 68
nothingness 2, 16, 24–25, 27, 39, 41–2, 68–69, 97–98, 103
ontological condition 76 *see also* human condition
ontology 7, 28, 34–35, 47, 55, 63, 66, 70–71, 76, 92, 94,

97–98, 107–108
oppression 8, 12, 78, 81–82, 86, 107
original choice 50–53, 60, 100 *see also* fundamental project
Pappas, Nickolas 1
Pellauer, David 83
Phaedo 12
phenomenological reduction 74 *see also* 'epoche'
phenomenology 6–7, 28, 44–45, 72
Plato 1–2, 12, 14, 18, 30, 34, 40, 110–112
principle of identity 32, 36–37, 40–41, 43, 47, 76
principle of universalizability 126, 129, 135–138, 143, 146
racism 63–65
realism 41, 45–46
reflection 29, 34–35, 46, 48–50, 54, 57, 84–85, 101, 103, 105
 impure reflection 70, 73, 76
 pre-reflective awareness 49–50, 54–56, 71, 75–76, 84–85, 91, 102–103
 pure reflection 50, 65, 67, 70–73, 75–77, 84–86, 102

reflective awareness 49–50, 54, 67, 70–71, 73, 85, 91, 103
regions of being 33, 35, 38
relations with others 10, 50, 54, 61–3, 65, 67–68, 71, 80–81, 87, 107, 110
responsibility 3, 9–10, 22, 26, 70, 86, 97, 106, 109–110
rights 33, 106
role-playing 33, 57
Rousseau, Jean-Jacques 106
scientific revolution 6
September 11th 58
sexism 65
sexuality 42–43
Shaw, George Bernard 81
Socrates 1–2, 4–5, 8, 15, 18, 29–31, 57, 110
spirit of seriousness 83
Stoics 23
subjectivity 8, 22, 31, 62–63, 78–79, 82
'the look' 62, 65, 78
transcendental ego 46–48, 50, 99, 103 see also ego
universal human condition 112
violence 57, 80, 84, 87

内容简介

《从萨特出发》介绍了萨特这位影响力非凡的哲学思想家的生平和著作。本书结构清晰，充分概述了萨特思想的发展历程，让读者全方位理解萨特哲学的起源。至关重要的是，本书也介绍了相关联的其他哲学思想家：柏拉图、笛卡儿、康德、海德格尔、胡塞尔、西蒙娜·德·波伏瓦，他们的作品深深地影响了萨特。对于任何首次接触这位伟大哲学思想家作品的人而言，这本书都是一部理想的入门书籍。

作者简介

盖尔·林森巴德（Gail Linsenbard），在美国纽约大学从事哲学教学工作，出版过的书有：《关于萨特遗稿伦理学的调查》（2000），《从萨特出发》（2010）。

译者简介

孙礼中，英国邦戈大学翻译学硕士，目前在浙江工商大学外国语学院任教，从事教学和笔译工作。

黄璐，浙江工商大学英语口译硕士，持有国家二级口译证书、高级口译证书等，曾参与多个翻译项目，涵盖文学、经贸等领域。